序言：革命精神永不褪色　伟大事业代代相传

青年是国家的希望，是民族的未来，是社会主义建设者和接班人。习近平总书记在纪念五四运动100周年大会上发表重要讲话时指出："新时代中国青年运动的主题，新时代中国青年运动的方向，新时代中国青年的使命，就是坚持中国共产党领导，同人民一道，为实现'两个一百年'奋斗目标、实现中华民族伟大复兴的中国梦而奋斗。青年是整个社会力量中最积极、最有生气的力量，国家的希望在青年，民族的未来在青年。今天，新时代中国青年处在中华民族发展的最好时期，既面临着难得的建功立业的人生际遇，也面临着'天将降大任于斯人'的时代使命。"广大青年要承担起伟大的时代使命，创造美好的未来生活，不但需要掌握丰富的专业知识，而且需要拥有崇高的革命精神，激发投身到中国特色社会主义事业的不竭动力。

习近平总书记强调，我们要建设的社会主义现代化强国，不仅要在物质上强，更要在精神上强。精神上强，才是更持久、更深沉、更有力量的。中国共产党在近百年的光辉历程中，带领中国人民取得了革命、建设和改革的伟大胜利，同时铸就了具有丰富时代内涵和民族特征的革命精神。这些革命精神是我们党的宝贵精神财富和丰富政治资源，是中国共产党和中国人民创造辉煌业绩的精神支柱，是集中体现中国共产党人政治觉悟、意志品质、思想道德和工作作风的一系列优良传统和革命风范。搞社会主义建设，把我国建设成为富强民主文明和谐美丽的社会主义现代化强国，同样要在党中央的正确领导下，大力发扬这些精神。我们应该把这些革命精神推广到全体人民、全体青少年中间去，使之成为中华人民共和国精神文明的主要支柱，为世界上一切要求革命、要求进步的人所向往，也为世界上许多精神空虚、思想苦闷的人所羡慕。改革开放40年的伟大征程，也是我们党和国家带领人民群众发扬这些革命精神，战胜前进道路上各种艰难险阻的奋斗历程。这充分说明，不论时代如何发展，革命精神永远不会过时，永远不会褪色。

当前，中国特色社会主义进入新时代，弘扬中国共产党革命精神，用革命精神引领青年、感染青年、鼓舞青年，对于培养“担当民族复兴大任的时代新人”具有重要意义。根据党中央和教育部关于加强革命精神教育的总体要求，在多年研究积累的基础上，针对当代青年健康成长的实际需要，结合青年学生的认知特点，我们从中国共产党的革命精神谱系中选取了红船精神、长征精神、雷锋精神、载人航天精神等15种革命精神，通过讲故事的形式，以生动典型的事例、通俗易懂的语言，力求把革命精神的丰富内涵讲明白，把革命精神蕴含的深刻道理讲生动，把革命精神的当代价值讲清楚。在学习这些革命精神的过程中，青年学生可以更为深刻地认识到，中国共产党之所以能够推动中国历史上最广泛、最深刻的社会变革，把中国从一个任人宰割的半殖民地半封建社会变为民族独立、人民解放、国家富强的新社会，带领中华民族实现从站起来、富起来到强起来的伟大飞跃，一个非常重要的原因就在于坚守和弘扬这样一种永不褪色的革命精神。

习近平总书记多次指出：中国梦是历史的、现实的，也是未来的；是我们这一代的，更是青年一代的。中华民族伟大复兴的中国梦终将在一代代青年的接力奋斗中变为现实。站在新的历史发展起点上，新时代青年应该乘新时代春风，深入学习这些永不褪色的革命精神，把中国特色社会主义伟大事业一代又一代传承下去，中华民族伟大复兴的中国梦就一定能够在一代代青年的接力奋斗中梦想成真！

目　录

第一章

红船精神

红船精神是中国共产党人精神谱系中的初始音符，同井冈山精神、长征精神、延安精神、抗战精神、西柏坡精神等一道，伴随着中国革命的光辉历程，共同构成我们党在前进道路上战胜各种困难和风险，不断夺取新胜利的宝贵精神财富。

秀水泱泱，红船依旧；时代变迁，精神永恒。2017 年 10 月 31 日，在党的十九大闭幕一周之际，习近平总书记带领新一届中共中央政治局常委来到微风习习、清波荡漾的浙江嘉兴南湖瞻仰红船，强调要结合时代特点大力弘扬红船精神，让红船精神永放光芒。红船象征着我们党的“母亲船”，所代表和昭示的是时代高度，是发展方向，是奋进明灯。在中国特色社会主义新时代，这次寻根之行、溯源之行充分证明红船精神价值永恒、红船初心历久弥新。

红船，见证了中国历史上开天辟地的一件大事，成为中国革命源头的象征。1921 年 7 月 23 日，中国共产党第一次全国代表大会在上海法租界望志路 106 号（今兴业路 76 号）李汉俊之兄李书城的住宅内召开。然而，在 7 月 30 日晚，会议突然受到法租界巡捕房的侵扰而被迫中止。为了使大会继续召开，经过反复商讨，会议最终转移到浙江嘉兴南湖的游船上继续召开。中共一大南湖会议通过了中国共产党的纲领，确定党的名称为“中国共产党”。这条游船因而获得了一个永载中国革命史册的名字——红船，成为铸就在中华儿女心中的永不褪色的精神丰碑。2005 年 6 月 21 日，时任中共浙江省委书记的习近平同志发表署名文章《弘扬“红船精神”走在时代前列》，首次提出并阐释了“红船精神”的深刻内涵，即开天辟地、敢为人先的首创精神，坚定理想、百折不挠的奋斗精神，立党为公、忠诚为民的奉献精神。红船精神是中国共产党人精神谱系中的初始音符，同井冈山精神、长征精神、延安精神、抗战精神、西柏坡精神等一道，伴随着中国革命的光辉历程，共同构成我们党在前进道路上战胜各种困难和风险，不断夺取新胜利的宝贵精神财富。

一、开天辟地、敢为人先的首创精神

毛泽东曾讲过："一九二一年产生了中国共产党，中国就改变了方向，五千年的中国历史就改变了方向"；"中国产生了共产党，这是开天辟地的大事变"。20 世纪 20 年代初，为了民族独立和人民解放，中国社会各种政治力量先后尝试过各种救国救民方案，但是都以失败告终。十月革命一声炮响，给我们送来了马克思列宁主义，五四运动中工人阶级登上了政治舞台，为中国共产党的诞生奠定了基础。就在中华民族面临生死存亡的危难时刻，中国共产党人顺应求民族独立、谋人民解放的历史大势，将马克思主义与中国工人运动相结合，在南湖红船上宣告成立了中国共产党，这是开天辟地的大事、敢为人先的壮举。至此，一个以马克思主义这个最先进的思想武器为行动指南，以争取民族独立和人民解放、实现共产主义远大理想为奋斗目标的统一的无产阶级政党登上了历史舞台，带领中国人民走向一个又一个胜利。

开天辟地、敢为人先的首创精神，体现为中国共产党人怀着救国救民的远大志向，敢于接受产生于发达资本主义国家的先进的科学理论——马克思主义，并将其与中国实际情况相结合。辛亥革命结束了 2 000 多年的封建帝制，但是中国社会中封建思想依然残留，世界各种思潮涌入中国，中国的先进分子上下求索，寻求改变国家和民族命运的出路，最终从马克思列宁主义

中国共产党第一次全国代表大会会址

的科学真理中看到了解决中国问题的出路。毛泽东就是其中的杰出代表，他并非一开始就是一位马克思主义者，他的思想发展有一个历经多种选择而不断扬弃的过程，曾接受过改良主义、资产阶级民主主义、空想社会主义、实验主义、工读主义、无政府主义等各种理论主张，但是经过亲身实践，发现其他理论主张都存在着一定的不足，最终选择了马克思主义。1921 年元旦，毛泽东在新民学会新年大会上，和会员们一起将学会宗旨定为以布尔什维主义改造世界与中国。至此，毛泽东完成了向马克思主义者的转变，开始借取马克思主义的思想“火种”，为中国共产党早期组织的建立奠定思想基础和组织基础。

开天辟地、敢为人先的首创精神，体现为中国共产党人身先士卒，将马克思主义与工人运动相结合，创造了马克思主义新型政党，为中国人民带来了新的希望。最早在中国酝酿建立共产党的是陈独秀和李大钊。陈独秀因领导组织五四运动被捕，1919 年 9 月 16 日出狱后，在北京仍然受到北洋政府密探监视。1920 年 2 月，为躲避反动军阀政府的迫害，陈独秀从北京秘密转往上海，李大钊亲自护送陈独秀到天津。他们扮作商人，坐一辆骡车，在路上商讨了在中国建立中国共产党组织的问题，并相约在北京和上海分别负责党的筹建工作。不怕牺牲、敢为天下先的首创精神在陈独秀和李大钊这两位中共主要创始人身上得到了充分彰显，他们在中国共产党的创建过程中起到了巨擘作用。1921 年 7 月，13 位平均年龄只有 28 岁的中国先进分子，在上海一座石库门的房子里召开了中共一大会议。由于会议被迫中断，最后转移到嘉兴南湖的游船上续会，宣告成立了中国共产党，从此，中国人民谋求民族独立、人民解放和国家富强、人民幸福的斗争就有了主心骨，中国人民就从精神上由被动转为主动。中国历史上，从来没有这样一个用科学先进的马克思主义理论武装起来的、全心全意为人民服务的无产阶级政党，把民族独立和人民解放作为自己的奋斗目标和宗旨，中国共产党的成立成为开天辟地、敢为人先的首创精神的重要标志。

红船精神是中国共产党走在时代前列的象征，集中体现了党的先进性。鸦片战争后，当无数的仁人志士在经过了种种尝试都无力挽回民族危亡之时，先进的中国共产党人大胆接受、广泛传播马克思主义，并将其与中国的具体实际相结合。“中国人找到了马克思列宁主义这个放之四海而皆准的普遍真理，中国的面目就起了变化了。”从李大钊在中国第一个传播马克思主义，到陈独秀在上海创建中国共产党第一个组织；从陈望道首译《共产党宣言》借取中国革命的“火种”，到毛泽东开辟中国革命的新道路，中国共产党人在认定马克思主义为科学真理之后，始终走在时代前列，代表着中国先进生产力的发展方向，代表着中国先进文化的前进方向，代表着中国最广大人民的根本利益，在推动中国历史前进中发挥着无可替代的领导核心作用，这是首创精神的集中体现。开天辟地，表现的是一种革命性、开拓性和创新性；敢为人先，表现的是一种开创性和引领性，是一种争创一流的胆识魄力。今天，在中国特色社会主义新时代，实现“两个一百年”奋斗目标，实现中华民族伟大复兴的中国梦，是当代中国共产党人所要从事的“开天辟地”的“大事业”。我们要重温这份初心，从中获取更加强大的精神动力和创新发展动力，善于冲破传统观念的束缚，打破既定的条条框框，转变思想观念，锻炼思维方法，变革工作方式，勇于啃难啃的骨头，发挥敢为人先的首创精神，谱写好中华民族伟大复兴、实现社会主义现代化强国这篇大文章。

知识链接

“信仰的味道比糖甜”

陈望道是中国第一个把《共产党宣言》全文翻译成中文的人。五四运动前后，虽然有不少人在中国介绍过《共产党宣言》，但是当时的介绍依然无法满足大家对科学理论的渴望和需求。在理解难度和翻译强度都非常大的情况下，陈望道勇于担当，用一块铺板、两条长凳、一盏很暗的油灯，夜以继日地开展艰苦的翻译工作。有一天，陈望道在浙江义乌的一间草屋里奋笔疾书，他的母亲见他不分昼夜地工作，便给他做了糯米粽子，外加一碟红糖送到书桌前，催促儿子趁热快吃。过了一会儿，母亲在屋外喊道：“你吃粽子，要加红糖。”儿子赶快回答：“吃了，吃了！”当母亲前来收拾碗筷时，竟见到儿子满嘴都是墨汁，红糖却一点儿没动，原来是蘸了墨汁吃了粽子，而他自己竟然浑然不觉。陈望道就是这样全然忘我，一个字一个字地斟酌，一个字一个字地推敲，才把《共产党宣言》译了出来。

二、坚定理想、百折不挠的奋斗精神

毛泽东在党的七大上曾提道，我们党开第一次代表大会的时候，本来是在上海开的，因为巡捕房要捉人，跑到浙江嘉兴南湖，是在船上开的。当时对马克思主义有多少，世界上的事如何办，也还不甚了了。尽管如此，这些共产党人却有着马克思主义、共产主义的坚定性。在创建中国共产党的实践中，中国先进分子从激进民主主义者成长为共产主义者，为中国共产党的创建和中国革命的发展奠定了坚实的思想基础。当党的一大会议被迫中断时，中国共产党人坚持由上海转移到嘉兴，在南湖红船上完成了缔造中国共产党的使命，靠的就是坚定理想、百折不挠的奋斗精神。以主义和信仰为支撑的中国共产党人，历经挫折而不畏艰险，屡受考验而不改初衷，由小到大、由弱到强，靠的还是坚定理想、百折不挠的奋斗精神。中国共产党人以压倒一切敌人、战胜一切困难的大无畏英雄气概，开创了具有中国特色的革命和建设道路，从根本上改变了中国人民的前途命运，在世界上产生了深刻而广泛的影响。

坚定理想、百折不挠的奋斗精神，体现为中国共产党人在坚定了马克思主义理想信念后，百折不挠，坚持转移地点也要把建党伟业完成。当时，反动势力一直将共产主义视为洪水猛兽、祸患流毒，将共产党人视为“赤化分子”进行严厉打击。党的一大会议被迫中止后，会址就受到了监视。早期共产党人并没有因此而放弃，而是不惜一切代价完成中共一大会议。几位代表聚集在李达夫妇住处商量续会地点。李达提出换一个地方开会，最好是离开上海，躲开法国巡捕。代表们都赞同李达的意见。然而，对于会址究竟选在哪里，在会址被监视一两天后，代表们依然意见不一。经过多番讨论，李达夫人王会悟提议，会议可以转移到她的家乡——嘉兴南湖继续开会。最后，代表们同意将嘉兴南湖选为中共一大的续会地址。除陈公博外，上海的李达、李汉俊，武汉的董必武、陈潭秋，长沙的毛泽东、何叔衡，济南的王尽美、邓恩铭，北京的张国焘、刘仁静，旅日的周佛海以及由陈独秀指定的代表包惠僧等 12 名代表均由上海转移到嘉兴。为安全保密起见，特地让游船既不靠岸，也不傍岛，就在水中来回漂荡。代表们围坐在中舱客堂间的八仙桌前，还特意准备了麻将牌，王会悟则坐在船头望风放哨。最终，早期共产党人在艰难曲折的过程中完成了缔造中国共产党的使命。

坚定理想、百折不挠的奋斗精神，体现为中国共产党人在不屈不挠的探索中推动中国共产党由小变大，由弱变强，在长期艰苦卓绝的斗争中，开创了具有中国特色的革命和建设道路。毛泽东曾说过："从古以来没有这样的人民，从古以来没有这样的共产党。在这二十四年之中，经过共产主义的小组，经过北伐战争，轰轰烈烈壮大起来了。但中间被人家拦腰一枪打在地上，爬将起来又和他打"，"我们开始的时候，也是很小的小组"，"这以后二十四年就不得了，翻天覆地"，"我们党尝尽了艰难困苦，轰轰烈烈，英勇奋斗"，支撑这种奋斗的理论基础和信仰基石，就是马克思主义。从红船走上井冈山，走过长征，走到延安，走进西柏坡，走向全中国，由一个领导人民为夺取政权而奋斗的党，成为领导人民掌握政权并长期执政的党。从中共一大到党的十九大，近百年前的小小红船，如今已经变成承载着 13 亿多中国人民希望的巨轮，最早只有几十个人的中国共产党，也已经发展成为拥有 8 900 多万名党员的世界第一大党。为了实现中华民族伟大复兴的历史使命，无论是弱小还是强大，无论是顺境还是逆境，我们党始终初心不改、矢志不渝，攻克了一个又一个看似不可攻克的难关，创造了一个又一个彪炳史册的人间奇迹，不断谱写着一篇篇坚定理想、百折不挠的动人乐章。

嘉兴南湖红船

中国共产党的诞生，使中国革命从此有了坚定的理想信念和强大的精神支柱。自登上历史舞台以来，中国共产党人就把个人的荣辱观放在了一边，把对马克思主义和共产主义的执着追求放在了生命之上。他们从“读有字之小书”寻求救国救民的真理，到“读无字之大书”“踏着人生社会的实际说话”，在艰难困苦的探索中坚定革命理想。坚定理想，就是树立起共产主义远大理想和对马克思主义的坚定信仰；百折不挠，就是围绕理想目标勇于实践，不论经受多少挫折，决不屈服退缩。坚定理想、百折不挠，实质上就是为了实现共产主义的理想目标不断实践、艰苦奋斗。奋斗精神，表现了中国共产党历史性实践的目的性、坚定性和顽强性。一个真正的共产党人，一个真正的马克思主义者，只有思想理论上坚定了，才能够经得起各种风浪，才能始终有一种人民情怀，有一份带领人民实现民族独立、国家富强、人民幸福的初心和使命，才能让南湖红船变为巍巍巨轮，不断驶向新的广阔水域。今天，实现中华民族的伟大复兴，绝不是轻轻松松、敲锣打鼓就能实现的，要求全党同志克服一切困难和挫折，在中国特色社会主义新时代，在各项工作中争当先锋、勤做表率，艰苦奋斗，撸起袖子加油干。

三、立党为公、忠诚为民的奉献精神

“我们共产党人区别于其他任何政党的又一个显著标志，就是和最广大的人民群众取得最密切的联系。全心全意地为人民服务，一刻也不脱离群众；一切从人民的利益出发，而不是从个人或小集团的利益出发；向人民负责和向党的领导机关负责的一致性；这些就是我们的出发点。”这是毛泽东的经典话语，所讲的就是共产党与其他任何政党的根本区别，表明了共产党人一切工作的出发点就是维护广大人民群众的利益。中国共产党是全心全意为人民服务的马克思主义政党，从南湖红船上诞生的那天起，就以全心全意为人民谋福利为根本宗旨，把实现共产主义作为党的最高理想和最终目标，义无反顾肩负起实现中华民族伟大复兴的历史使命，以把一切献给党和人民为最高价值追求，团结带领人民进行了艰苦卓绝的斗争，用实际行动践行着立党为公、忠诚为民的奉献精神，是党和人民事业不断发展的重要保证。

立党为公、忠诚为民的奉献精神体现为中国共产党始终以维护广大人民群众的利益为根本宗旨，以实现民族独立和人民解放为神圣使命。从中国共产党成立之初的50多名早期党员来看，他们大多是出生于殷实家庭，有的甚至是名门望族，原本有着比较优越的生活条件，并非为了改变个人的境遇而加入革命事业，而是关心劳动人民的疾苦，关心国家和民族的命运。彭湃弃“鸦飞不过的田产”投身革命的事例便是中国共产党人立党为公、忠诚为民的奉献精神的生动写照。彭湃于1896年出生在广东海丰一个有名的大地主家庭，家里有“鸦飞不过的田产”。据彭湃自述，其家况是被统辖的农民男女老幼不下1 500人，家庭男女老幼不上30口，平均1人就有50个农民供养。就是这样一个出生在大地主家庭的少爷，为了信仰，为了理想，最终“背叛”了自己生活优裕的家庭，投身革命。他舍小家，为大家，把自己家的田契烧毁，把自己的田地分给农民，领导农民同地主阶级做斗争。为此，家里人痛呼“祖上无德”，骂他为“逆子”。但是，彭湃依然坚持自己的选择，1921年加入了中国社会主义青年团，1924年由团转入中国共产党，1927年10月在广州海陆丰地区领导武装起义，1929年8月30日，在上海龙华英勇就义，时年33岁。

立党为公、忠诚为民的奉献精神体现为中国共产党以把一切献给党和人民为最高价值追求，为实现民族独立、国家富强、人民幸福而英勇牺牲、无私奉献。“铁肩担道义，妙手著文章”是李大钊短暂而辉煌一生的真实写照。作为中国最早的马克思主义者、中国共产党的主要创始人，他在青年时期就形成了“念书就是为了报国”的观念。1920年，他领导创建了北京的共产党早期组织，在“三一八”惨案后，遭到军阀政府通缉，被迫转入地下工作。1927年，时任中共北方区委书记的李大钊被捕。在监狱中，敌人对李大钊进行了多次审讯，但是李大钊始终大义凛然，坚贞不屈，没有一句损害党的荣誉和革命利益的“供词”，没有向敌人泄露党的任何机密。严刑拷打不成，敌人又进行了利诱，企图用高官厚禄收买李大钊，被他严词拒绝。最后，反动军阀政府不顾社会舆论的强烈谴责，对李大钊及其他19位革命烈士下了毒手。像李大钊这样为中国革命事业无私奉献的中国共产党人还有很多：王尽美不顾肺结核的病痛折磨，在病情不断恶化的情况下坚持领导工人运动，临终遗嘱中依然将实现劳苦大众的解放置于最高位置；陈独秀一门两英烈，长子陈延年和次子陈乔年先后为中国革命事业献身；毛泽东不仅自己为民族独立和人民解放贡献了毕生的精力，而且他有六位亲人先后为中国人民的解放事业献出了宝贵生命。中国共产党人时刻与人民群众同呼吸、共命运、心连心，以敢于压倒一切困难和敌人的气概，为民族解放、国家富强、人民幸福无私奉献，团结带领中国人民不断从胜利走向新的胜利。

凡事为人民着想，拜人民为师，一切就都灵了。这是共产党和共产党人走到今天，取得巨大成功的历史真理。立党为公、忠诚为民，是中国共产党同一切剥削阶级政党的根本区别所在，也是党的性质的集中表现，是中国共产党领导全国各族人民战胜各种艰难险阻取得伟大胜利的力量源泉，一直激励着无数后继者继续前行，激励着中华儿女为实现中华民族的伟大复兴不懈奋斗。立党为公、忠诚为民的奉献精神实质上就是为共产主义的崇高事业和最广大人民群众的根本利益而不懈努力，是敢于牺牲、为人民服务的伟大气度。立党为公，彰显了马克思主义政党的性质和宗旨，表明中国共产党的成立不是为了少数人的私利，而是忠实地代表中国各族人民的利益，是为了国家富强、民族振兴、人民幸福；忠诚为民，彰显了共产党人的价值追求。共产党人必须把大公无私，为最大多数人的利益而奋斗作为自己的基本价值观念。奉献精神是一种忘我的、大公无私的精神，表现了中国共产党历史性实践的价值性、倾向性和人民性。今天，我们要取得新时代中国特色社会主义的伟大胜利，也同样需要加强团结。一是全党要紧密团结在以习近平同志为核心的党中央周围，维护核心、维护全党的集中统一；二是要团结全体人民共同奋斗，始终同人民想在一起、干在一起。党的事业和人民的事业始终是一致的，这个伟大的事业发展永无止境。唯有不忘初心，继续团结奋斗，方可告慰历史、告慰先辈，方可赢得民心、赢得时代、取得胜利。

一条红船，见证了中国共产党“开天辟地”的创建历程，成为中国共产党探索救国救民道路的光辉起点。“红”和“船”都是表达向度的词汇，“红”具有革命红色道路的政治方向之意，“船”具有现实的场域方向之意。合在一起的两个字“红船”，体现了一种以共产主义理想为正确航向的方向感和方位感。正如习近平同志所指出的，“中国共产党沿着红船的航向，以开天辟地、敢为人先的首创精神，始终站在历史和时代发展的潮头”。当前，中国特色社会主义进入新时代，我们取得的成就是历史性的，面临的困难和挑战也是巨大的。在这种情况下，要带领中国这艘巨轮乘风破浪，沿着党的十九大确定的目标顺利航行，特别需要继承和发扬红船精神所倡导的首创精神、奋斗精神和奉献精神。在新时代的长征路上，时时回望中国共产党诞生的最初历史，明大势、识大局、知大任，要在坚定共产主义信仰和中国特色社会主义信念的基础上，拿出逢山开路、遇水架桥的闯劲，拿出只争朝夕、敢于担当的拼劲，发扬立党为公、忠诚为民的奉献精神，不忘初心、牢记使命、永远奋斗，为实现党的十九大提出的任务不懈努力。

第二章

井冈山精神

井冈山是革命的山、战斗的山，也是英雄的山、光荣的山。井冈山时期留给我们最为宝贵的财富，就是跨越时空的井冈山精神。今天，我们要结合新的历史条件，坚持坚定执着追理想、实事求是闯新路、艰苦奋斗攻难关、依靠群众求胜利，让井冈山精神放射出新的时代光芒。

井冈山地处湘赣两省交界的罗霄山脉中段。1927 年，以毛泽东、朱德等为代表的中国共产党人在井冈山点燃了中国革命的星星之火，创建了第一个农村革命根据地，开辟了“农村包围城市，武装夺取政权”的崭新革命道路——井冈山道路。井冈山革命根据地从 1927 年 10 月起至 1930 年 2 月止，虽然只有短短的两年零四个月，但在这段时间里，中国共产党人进行了艰苦卓绝的斗争和开天辟地的探索，这些斗争和探索是马克思主义中国化的伟大开篇，是中国革命走向胜利的光辉起点，对中国共产党领导中国革命走向胜利产生了极其重要而深远的影响。伟大的革命孕育伟大的精神。在血与火的革命斗争和探索实践中孕育的井冈山精神，是中国共产党革命精神的重要组成部分。

一、坚定执着追理想

在井冈山斗争过程中，红旗始终不倒，理想信念发挥了极其重要的作用。1927 年，正当北伐战争节节胜利、工农革命运动不断高涨之时，蒋介石在上海制造“四一二”反革命政变，汪精卫在武汉进行“七一五”分共，革命形势急转直下，反动势力对革命进行血腥镇压，全国笼罩在白色恐怖之中。据不完全统计，从1927年3月至1928年上半年，被国民党反动派杀害的共产党人和革命群众共计30多万人。在反革命的高压下，一些在革命高潮时入党的不坚定分子，有的登报声明脱离共产党和共青团，有的甚至倒向敌人阵营，成为叛徒。中共党员人数由大革命高潮时期的6万余人急剧减少到1万余人，共产党领导下的工会会员由280多万人骤减至几万人，曾拥有会员1 000多万的各地农民协会大多被国民党解散，党的许多优秀干部和群众运动领袖遭到逮捕和屠杀。一时间，黄浦滩头、湘江两岸，直至大河上下、长城内外，到处是血雨腥风。但是，中国共产党和中国人民并没有被吓倒、被征服、被杀绝。一批坚定的共产主义者冒着生命危险果敢地站起来，他们擦干身上的血迹，掩埋好同伴的遗体，又继续战斗。

信仰至关重要，如同照亮前路的灯。对马克思主义的坚定信仰，对社会主义和共产主义的信念，是井冈山精神的灵魂。大革命失败后，井冈山的革命斗争靠什么燃起"工农武装割据"的燎原之火，照亮中国革命的前程？靠的就是共产党人对中国革命光明未来的坚定信念和不懈追求。正是凭借"革命理想高于天"的信仰力量，我们党才能无惧"敌军围困万千重"，有力回击"红旗到底能打多久"的质疑，才能在艰难困苦环境中产生战胜一切困难的超凡勇气，才会在四面白色政权的包围中自强不息、百折不挠，历经艰难奋战而不溃散。邓小平指出："我们过去几十年艰苦奋斗，就是靠用坚定的信念把人民团结起来，为人民自己的利益而奋斗。没有这样的信念，就没有凝聚力。没有这样的信念，就没有一切。"江泽民也强调："井冈山革命的星星之光所以能燃遍全国，走向胜利，就在于老一辈无产阶级革命家坚定的共产主义理想和始终不渝的信念。"

井冈山的斗争十分艰难困苦，但无数的革命者甘愿用生命坚守理想信念，牺牲个人的荣华富贵，抛头颅、洒热血。他们用革命的行动，一步步地寻找着中国革命的正确道路。有这么一些人，他们曾经远渡重洋去求学、去寻找救国真理，他们本来可以在城市过上舒服的生活，但是，他们为了心中的理想信念，为了苦苦寻找的中国革命道路，从城市来到农村，不计任何报酬，为了党和革命事业牺牲一切。有这么一群大学生，他们没有留在城市，他们从不计较个人的名誉、地位和待遇，始终把革命利益放在第一位，用行动证明自己对真理的追求和对信念的坚持。

在井冈山斗争时期，红军指挥员们脖子上都系着一条红带子，取名“牺牲带”，表明了他们为了崇高理想而献身的决心。每次打仗之前，相互之间只有两句话：一句话是告诉我的老母亲，你儿子在什么时候、什么地方光荣牺牲了；另外一句话是胜利之后，在烈士纪念册上给我登记一个名字。在他们看来，为了中国人民的神圣事业而做出自己的最大牺牲，直至献出宝贵的生命，都是值得的。

不仅红军指战员勇于胜利、勇于奉献，根据地的广大人民群众在党的教育下，也表现出“为有牺牲多壮志，敢教日月换新天”的英雄气概。在遂川县西庄，曾发生过一个“工农护大印”的感人故事。1930 年红军撤出遂川后，反动武装对革命群众进行疯狂报复，搜寻苏维埃政府的印章。西庄的群众都知道，苏维埃政府的大印保存在乡苏维埃成员、赤卫队队员冯恩增手里，可谁也不露一点儿风声。乡苏维埃主席李邦万一家被抓走了，刚烈的贫苦农民李耀琦被杀了，倔强的乡赤卫队队长曾宝华也被杀了。曾宝华牺牲前，大声怒斥匪徒的暴行。匪徒又把曾宝华的妻子郭桂英及其独子带到曾宝华尸体前，威逼她说出印章的下落。郭桂英坚贞不屈，结果母子两人被匪徒活活打死。这是普通的井冈山群众面对生死的英勇选择。在井冈山斗争时期发生的无数次大大小小的战斗，没有一次胜利是离开了人民群众的牺牲和奉献的，他们的这种精神是伟大的井冈山精神的重要组成部分。

在井冈山斗争历史上，多次出现关于“红旗到底能打多久”的质疑。面对这些悲观论调，毛泽东认为必须认真对待、给予解答。为了统一全党认识，

1928 年 5 月 20 日，在湘赣边界党的第一次代表大会上，毛泽东从分析中国革命形势入手，强调建立和巩固革命根据地的重要意义。1928 年秋天，在全军的一次讲话中，毛泽东风趣地说：革命要有根据地，就像人要有屁股。人如果没有屁股，便不能坐下来。要是老走着、老站着，一定不会持久。腿走酸了、站软了，就会倒下去。革命有了根据地，才能够有地方休整、恢复气力、补充力量，以利继续战斗、扩大发展，直至走向最后胜利。为了教育党内和军内的一部分人，并从理论上澄清混乱思想，1930 年 1 月 5 日，毛泽东给林彪回复了一封信。在信中，他深刻地分析了中国革命的形势，详尽地阐明了“星星之火，可以燎原”的科学论断：“一九二七年革命失败以后，革命的主观力量确实大为削弱了。剩下的一点小小的力量，若仅依据某些现象来看，自然要使同志们发生悲观的念头。但若从实质上看，便大大不然。这里用得着中国的一句老话：‘星星之火，可以燎原。’这就是说，现在虽只有一点小小的力量，但是它的发展会是很快的。”“中国是全国都布满了干柴，很快就会燃成烈火。‘星火燎原’的话，正是时局发展的适当的描写。”他还充满诗意地写道：“但我所说的中国革命高潮快要到来，决不是如有些人所谓‘有到来之可能’那样完全没有行动意义的、可望而不可即的一种空的东西。它是站在海岸遥望海中已经看得见桅杆尖头了的一只航船，它是立于高山之巅远看东方已见光芒四射喷薄欲出的一轮朝日，它是躁动于母腹中的快要成熟了的一个婴儿。”

二、实事求是闯新路

毛泽东率部上井冈山之前，井冈山地区存在两支非常有名的绿林武装，一支由袁文才率领，另一支由王佐率领。怎样才能成功改造绿林武装呢？这就需要毛泽东等共产党人开展深入调查研究，摸清这两支武装的历史情况和现实状况。

为此，毛泽东把相关地方党组织的党员干部和群众请过来开会，向大家请教，了解情况。1927年10月3日，毛泽东率领秋收起义部队到达井冈山后，立即召开了古城会议。古城会议上，毛泽东除了通知前委委员和营以上的干部参加，还特别邀请了宁冈县地方党组织负责人和地方武装代表陈慕平等人参加。毛泽东听取了地方党组织及地方武装代表的发言后，对袁文才和王佐这两支绿林武装的历史和现状有了比较清楚的了解。在这次古城会议上，以毛泽东为书记的前委确定了对袁文才、王佐部队实行团结、改造的方针。

10月6日，毛泽东亲赴袁文才的大仓“鸿门宴”，实地进行调查研究。一到大仓，毛泽东发现袁文才及其部下对他及其领导的工农革命军是尊敬的。毛泽东和袁文才越谈越投机，毛泽东渊博的学识、幽默的谈吐令袁文才十分佩服，当毛泽东提出赠送给袁部100条枪时，袁文才当即回赠了1 000块银元作为工农革命军的军需，并表示将对革命军鼎力相助。毛泽东一边调查研究，一边见机行事，当天就将袁文才等人说服。袁文才就此彻底结束绿林生涯，打开山门迎接毛泽东领导的秋收起义余部进驻茅坪。

实事求是闯新路，是井冈山精神的核心。井冈山时期，毛泽东立足于中国革命形势，把马克思主义基本原理同中国革命实际相结合，在武装斗争、土地革命、根据地建设等方面进行了一系列成功的探索，创造性地制定了党领导军队的一系列制度和纪律，探索中国革命新道路，引领中国革命不断走向胜利。井冈山斗争时期的这些探索，马克思主义经典作家没有相关论述，国际共产主义运动没有现成经验，党内“左”倾路线和教条主义又不断干扰打压，但革命为什么能取得胜利？邓小平指出：“就是以毛泽东同志为首的中国共产党人，独立思考，把马列主义的普遍原理同中国的具体情况相结合，找到了适合中国情况的革命道路、形式和方法。”正是毛泽东等人坚持马克思主义理论，牢牢立足于中国自身的历史、现实需要，以开阔的胸襟和眼界把握实际工作的特点和规律，以大无畏精神闯出一条前人没有走过的井冈山革命道路。

实事求是，不仅是运用马克思主义基本原理研究中国实际，找出中国革命的特有规律的“态度”，还是了解中国现状和历史的重要“工作方法”，这个“求”就是调查研究。没有调查就没有发言权，调查研究是掌握实际情况、获得正确认识的基本方法和重要前提，是实事求是的一个必不可少的重要环节。

毛泽东是中国共产党善于深入实际调查研究的杰出代表。对于调查，毛泽东曾在《〈农村调查〉的序言和跋》中总结道：“要了解情况，唯一的方法是向社会作调查，调查社会各阶级的生动情况。”早在 1927 年 1 月 4 日至 2 月 5 日，他就曾对湖南湘潭、湘乡、衡山、醴陵、长沙五县做过为期 32 天的考察，并针对当时党内以陈独秀为代表的右倾机会主义放弃农民运动领导权的错误观念，写了长篇报告《湖南农民运动考察报告》，报告中的“一切从实际出发、调查研究”的论断在党内引起极大反响。正是注重调查，使毛泽东在井冈山斗争时期掌握了大量的客观依据，从而能在指导湘赣边界工作中做到实事求是。

井冈山斗争时期，中国共产党瓦解敌军的政策之所以非常有效，就在于共产党人勤于调查研究，善于调查研究，极细心、极留心观察敌人之间的一切裂缝。例如，党组织委派莲花县的谢振国到袁州开酒楼，目的在于侦察敌情。在酒楼经营过程中，谢振国发现国民党朱培德部的一个叫张威的营长情况有异，他整天精神不振，经常到酒楼酗酒解闷。为了探得他的情况，1928

年8月的一天，谢振国特意请张威到酒楼喝酒，经过一番谈心，了解到张威好赌，把全营官兵的薪饷输光了。此事败露后，张威被撤职查办。为此张威天天苦闷不堪，感到前途渺茫。于是，谢振国开始做他的思想工作，劝其弃暗投明，宣布起义，参加红四军。在谢振国的帮助下，加上张威早期参加过北伐战争，对共产党有所了解，9月间，张威在袁州城宣布起义，并带领全营官兵离开袁州城，星夜投奔莲花独立团。

习近平在看望慰问江西广大干部群众时指出，“要一切从实际出发，解放思想、开拓进取，善于用改革的思路和办法解决前进中的各种问题”。中国发展的事实证明，坚持一切从实际出发，解放思想、实事求是，开拓创新，各项事业的发展就会进一步增强活力、激发动力，不断创造事业发展的新局面。

三、艰苦奋斗攻难关

“朱德的扁担”是一个家喻户晓的故事，多少年来，朱德与战士们同甘共苦的高尚品质，一直被人们传颂着，教育和鼓舞了一代又一代人。教育部编写的小学二年级语文上册第8课《朱德的扁担》是这样描述的：

> 1928年，朱德同志带领一支队伍到井冈山跟毛主席会师。山上是红军，山下不远就是敌人。
>
> 井冈山上出产的粮食不多。红军常常要抽一些人到山下的茅坪去挑粮。从井冈山上到茅坪，来回有五六十里，山高路陡，非常难走，可是每次挑粮谁都争着去。

朱德同志也跟战士们一块儿去挑粮。他穿着草鞋，戴着斗笠，挑着满满的一担粮食，跟大家一块儿爬山，晚上还要整夜整夜地研究怎样跟敌人打仗。大家看了心疼，就把他那根扁担藏了起来。不料朱德同志又找来一根扁担，还让人写上“朱德扁担，不准乱拿”八个字。大家见了，越发敬爱朱德同志，不好意思再藏他的扁担了。

朱德扁担的故事生动地体现了井冈山时期红军的领导干部以身作则、率先垂范的优良作风。朱毛会师后，敌人加紧对革命根据地的经济封锁。为了解决眼前的吃饭和准备粮食问题，红四军司令部发起下山挑粮运动。这些粮食大部分从宁冈的大陇运来。大陇的粮食是龙市、古城等地集中起来存在那里的。朱德也常随着队伍去挑粮，朱德的扁担的故事传开了，大家都被朱德军长的精神所感动。后来，战士们为此编了一首歌谣：朱德挑谷上坳，粮食绝对可靠，大家齐心协力，粉碎敌人“围剿”。

艰苦奋斗是我们党的政治本色和优良传统，也是井冈山精神的基石。井冈山斗争时期，条件十分艰苦，加上国民党军队反复进攻和严密封锁，红军官兵基本的物质保障都没有，军民面临的处境极为困难。面对如此艰苦的斗争环境和物质条件，以毛泽东为代表的共产党人，发扬艰苦奋斗的精神，积极开展自救运动，采取了一系列措施，自力更生，领导干部与大家同甘共苦、率先垂范、以身作则，解决了一个又一个的难题，取得了多次反“进剿”、反“会剿”的胜利，使井冈山革命根据地渡过了一个又一个难关。历史证明，井冈山革命根据地的创建，是毛泽东、朱德等老一辈革命家与边界军民一道艰苦奋斗的结果。

为了拥有足够的粮食和物资供给，毛泽东非常重视发展生产运动。红军每打下一个地方，都把土地分配给农民，调动农民的生产积极性。部队在战斗练兵之外的空闲时间都组织去帮助农民进行农业生产。红军战士还到处开荒种粮、种菜，想尽办法多种作物。为了解决边界的经济困难，冲破国民党对井冈山的经济封锁，毛泽东开辟了大陇红色圩场，搞活边界经济。红色圩场的开办，沟通了根据地内外的贸易，繁荣了根据地的经济，支援了革命战争，同时密切了军民关系，对粉碎敌人的经济封锁起了很大的作用。

井冈山斗争时期，冬天相当寒冷，红军和老百姓穿衣是个大问题，因为国民党的经济封锁，布匹和棉花等物资很少，也非常贵。为了解决穿衣问题，毛泽东指示在桃寮村张氏宗祠建起工农革命军第一所被服厂。被服厂的开办，有效地解决了全军 5 000 人的穿衣问题，支援了井冈山的革命斗争。

生活环境艰苦，同志们都非常注意勤俭节约。“毛委员一根灯芯”的故事就非常典型。井冈山时期的照明全靠油，炒菜也用油。在物质非常缺乏的时期，油是非常珍贵的。当时部队有一个关于灯油使用的规定，团、营、连部晚上办公时用一盏灯，可以点三根灯芯，办完公要熄掉；连部留一盏灯做带班、查哨用，只准点一根灯芯。毛泽东当时住在八角楼上，按照规定，毛泽东可以点三根灯芯。但他办公、看书、写文章时，一直只点一根灯芯，经常忙到深夜。就在这微弱的灯光下，毛泽东写下了《井冈山的斗争》《中国的红色政权为什么能够存在?》等光辉著作。

“野菜很苦，但有丰富的政治营养。”这是以毛泽东为代表的中国共产党人在井冈山面对饥饿难忍、寒风刺骨、伤病折磨时发出的革命宣言。毛泽东的警卫员龙开富回忆说：“毛委员和战士一样艰苦，战士们吃什么，他也吃什么；战士们穿什么，他也穿什么。”在井冈山上曾流传着毛泽东“吃苦菜”的故事。有一次，毛泽东来到步云山练兵场，发现战士们闹情绪。得知是因为部队缺粮食，挖来的野菜又太苦，难以下咽，毛泽东二话没说，端起碗夹着野菜便大口地吃起来。他一边吃一边说，这种野菜是很苦，可是有丰富的政治营养！我们干革命，就要吃苦，就要吃大苦，没有今天的苦，哪有明日的甜呢？战士们听了都深受感动！

正是党群之间、干群之间、军民之间这种“有盐同咸、无盐同淡”的同甘苦、共患难的亲密关系，使井冈山军民经受住了战场上流血牺牲和日常生活中被冻死、饿死、困死的考验，以超人的意志战胜了不可想象的折磨，谱写了感天动地的壮美诗篇。在敌强我弱、物质贫困、战斗频繁的极端艰苦条件下，唱出了一首至今都感人心扉的歌谣：

红米饭南瓜汤，
秋茄子味好香，
餐餐吃的精打光。
干稻草来软又黄，
金丝被儿盖身上，
不怕北风和大雪，
暖暖和和入梦乡。

井冈山军民高扬革命乐观主义精神，任凭“敌军围困万千重”，“我自岿然不动”，促使根据地一天一天扩大，土地革命一天一天深入，民众政权一天一天推广，红军和赤卫队一天一天壮大。

四、依靠群众求胜利

“黄洋界上炮声隆，报道敌军宵遁。”这是毛泽东在《西江月·井冈山》词中描写黄洋界保卫战情景的诗句。

黄洋界炮台

1928 年 8 月下旬，毛泽东率领三十一团三营到湘南迎还红军大队。朱云卿带领三十一团一营和三十二团留守井冈山。国民党湘军和赣军共 4 个团准备对井冈山革命根据地进行第二次“会剿”，妄图乘虚摧毁井冈山革命根据地，并迫使我红军大队无法返回。8 月 29 日，湘军熊震、程泽润师的 3 个团进抵黄洋界下的源头、乔林村一线。30 日一大早，即向黄洋界发动进攻。由于地形限制，他们只能沿着唯一的山路，一个挨一个向上爬，呈鱼贯式散兵线匍匐前进。行进途中，遭到砍倒的树木拦截，待移开树时，又不小心踩上了竹钉，痛得哇哇直叫，未开战即伤了不少，直至 10 时许才向上仰攻，山上的红军砍断绑住檑木滚石的藤条，无数大大小小的石块、长短粗圆的檑木“轰隆隆”飞滚而下，一时轻者皮破血流，重者筋断骨折，又是一两百人受伤丧命，一个个直吓得魂飞魄散，直到下午才攻至山腰。当年参与指挥保卫黄洋界的第一连副党代表刘型回忆说：“敌人一次、二次、三次、四次冲锋，都无非是送来武器，留下尸体。下午 4 时许，我们把二十八团留在茨坪修械厂修理的一门较好的迫击炮也抬来了，安放在我指挥阵地附近。我们向敌人发了三发炮弹，第三发正落在敌人的指挥所驻地——腰子坑爆炸了……敌人以为主力红军已经回到井冈山，吓得（连夜）逃之夭夭。”黄洋界保卫战是一场人民战争的奇观，创造了以少胜多的奇迹。由于敌我力量悬殊，守卫部队充分发动群众，进行阵地工事构筑。按照部署，各连排进入阵地后，利用晚上时间对原有的哨口进行了全面加固，在群众的帮助下，在大陇、茅坪两方向通往山上的小路上，筑起了五道防线：第一道是“竹木障碍”，即砍倒小路两旁树木，设置障碍，延缓敌军前进速度；第二道是“竹钉阵”，在两处小路两旁布满了带毒的竹钉；第三道是“陷阱”，深四五尺，布满竹钉；第四道是“檑木滚石”；第五道是石头筑就的工事掩体，这是全体军民同仇敌忾筑就的铜墙铁壁。这次战斗是边界名战之一，不仅保卫了我们最后的根据地，而且使敌人胆寒，不敢轻视红军。黄洋界保卫战的胜利是凭借山险和人民群众支持配合的结果。

依靠群众、勇于胜利，是井冈山精神的法宝。把千百万人民群众组织团结在自己的周围，自觉地为千百万劳动人民的利益而奋斗，与人民群众保持最密切的联系，这就是中国共产党人特有的政治优势，也是在任何艰难困苦面前始终立于不败之地的根本保证。井冈山斗争时期，在艰难困苦的战争环境下，党和红军之所以能取得一个个胜利，使根据地在四周白色恐怖之中生存发展，根本的原因就是以毛泽东为代表的中国共产党人，始终依靠群众、相信群众，真心实意地为群众谋利益，与人民群众建立起鱼水情深的血肉联系。《红军第四军司令部布告》中明确宣称：“红军宗旨、民权革命”“革命成功、尽在民众”。毛泽东在论述小块红色政权为什么能够存在时，把“有很好的群众”作为第一要素。正是我们的党和军队始终和人民站在一起，始终将党的目标和人民群众的利益结合起来，才激励军民一心、同甘共苦、无所畏惧、勇往直前，取得一个又一个的胜利。

依靠群众，首要的是唤起工农千百万，让群众了解共产党、了解工农革命军。1927年9月29日，工农革命军来到了永新县三湾村。三湾村几乎是个空村，老百姓一大早就全躲到山上去了。毛泽东得知这个情况后，下令在村外埋锅造饭，任何人不得进村歇息和乱拿东西。同时派人向山上喊话，让群众安心回家。山上躲藏的群众，见这支队伍不进屋门、不抢东西，这才相信是好人的队伍，陆续回村。随后，村中的党员和农会干部主动出面联络，为部队安排住处。三湾群众的回归，党组织的出面接头，让毛泽东看到了依靠群众的希望。

为了维持得来不易的友好军民关系，1928年4月3日，毛泽东正式颁布了“三大纪律、六项注意”。三大纪律：行动听指挥，不拿工人农民一点东西，打土豪要归公。六项注意：上门板，捆铺草，说话和气，买卖公平，借东西要还，损坏东西要赔。这是毛泽东创建井冈山革命根据地以来第一次全面完整地颁布“三大纪律、六项注意”，集中体现了我军军民一致、秋毫无犯的新型军民关系，明确了人民军队所肩负的打仗、筹款、做群众工作三位一体的任务，成为我党建军原则的重要组成部分。

1928年10月，毛泽东等在总结分析湘赣边界土地革命的实际情况和经验教训的基础上，根据《中央通告第37号——关于没收土地和建立苏维埃》以及中央“六月来信”中关于土地政策的指示精神，经过两个多月的酝酿、讨论和修改，制定出井冈山《土地法》，12月正式颁布。这是中国共产党历史上第一部土地法，推翻了几千年来封建土地所有制，使广大贫苦农民在较短时间内得到了看得见、摸得着的利益，成为土地的主人。当时一些老农民带领全家到分得的田里抓上一把土，热泪盈眶。当年井冈山留存下来的歌谣——“土地回老家，合理又合法，分了田和地，穷人笑哈哈，跟着毛委员，工农坐天下”，就是当时农民分田后高兴心情的真实写照。千百年来，缺田少地的贫苦农民，如今有了自己的土地，谁不欢天喜地，笑逐颜开，衷心拥护共产党，全力支持红四军呢？

正是因为如此，当国民党军队向井冈山革命根据地发动第四次“进剿”时，为了保卫土地革命的成果，红四军在七溪岭上与敌奋战，宁冈、永新的老百姓在当地党组织的一声召唤下，动员了近 2 000 人上阵，帮助红军运送子弹、抬运伤员、在煤油桶里燃放鞭炮、山上山下摇旗呐喊助威，军民团结一心，终于取得了战斗的胜利。一首“不费红军三分力，打败江西两只羊，真好，真好，快畅，快畅”的歌谣，生动地表达了广大民众对军队的真情实意。

近百年来，中国共产党由弱到强，一步步走向胜利、走向辉煌，法宝就是依靠人民群众。毛泽东在《关心群众生活，注意工作方法》中提出：“我们现在的中心任务是动员广大群众参加革命战争，以革命战争打倒帝国主义和国民党，把革命发展到全国去，把帝国主义赶出中国去。……因为革命战争是群众的战争，只有动员群众才能进行战争，只有依靠群众才能进行战争。”

井冈山是革命的山、战斗的山，也是英雄的山、光荣的山。井冈山时期留给我们最为宝贵的财富，就是跨越时空的井冈山精神。今天，我们要结合新的时代条件，坚持坚定执着追理想、实事求是闯新路、艰苦奋斗攻难关、依靠群众求胜利，让井冈山精神放射出新的时代光芒。每一名党员、干部，特别是各级领导干部，都要把理想信念作为照亮前路的灯、把准航向的舵，并将其转化为对奋斗目标的执着追求、对本职工作的不懈进取、对高尚情操的笃定坚持、对艰难险阻的勇于担当；都要一切从实际出发，解放思想、开拓进取，善于用改革的思路和办法解决前进中的各种问题；都要保持艰苦奋斗本色，不丢勤俭节约的传统美德，不丢廉洁奉公的高尚操守，逢事想在前面、干在实处，关键时刻坚决顶起自己该顶的那片天；都要认真践行党的宗旨，努力提高宣传群众、组织群众、服务群众的能力和水平。

第三章

苏区精神

在革命根据地的创建和发展中，在建立红色政权、探索革命道路的实践中，无数革命先辈用鲜血和生命铸就了以坚定信念、求真务实、一心为民、清正廉洁、艰苦奋斗、争创一流、无私奉献等为主要内涵的苏区精神。这一精神既蕴涵了中国共产党人革命精神的共性，又显示了苏区时期的特色和个性，是中国共产党人政治本色和精神特质的集中体现，是中华民族精神新的升华，也是我们今天正在建设的社会主义核心价值体系的重要来源。

苏区是土地革命时期建立的苏维埃政权区域的简称。1927 年大革命失败后，中国共产党人没有在挫折面前气馁，而是勇敢地领导发动了土地革命和反抗国民党统治的武装斗争，开辟了农村革命根据地。1931 年 11 月，中华苏维埃第一次全国代表大会，选举产生了同国民党政权性质根本不同的工农民主专政的新型政权——中华苏维埃共和国临时中央政府。在毛泽东、朱德、周恩来等人的带领下，中央苏区和其他苏区不断发展壮大。中国共产党领导根据地军民开展了轰轰烈烈的土地革命，开展了政权建设、经济建设、思想文化建设和社会建设等各方面的工作，沉重地打击了国民党的统治，并在这一斗争过程中形成了丰富的“苏区精神”。

中华苏维埃共和国临时中央政府旧址

2011 年 11 月，习近平在纪念中央革命根据地创建暨中华苏维埃共和国成立 80 周年座谈会上的讲话中指出："在革命根据地的创建和发展中，在建立红色政权、探索革命道路的实践中，无数革命先辈用鲜血和生命铸就了以坚定信念、求真务实、一心为民、清正廉洁、艰苦奋斗、争创一流、无私奉献等为主要内涵的苏区精神。这一精神既蕴涵了中国共产党人革命精神的共性，又显示了苏区时期的特色和个性，是中国共产党人政治本色和精神特质的集中体现，是中华民族精神新的升华，也是我们今天正在建设的社会主义核心价值体系的重要来源。"

一、坚定的共产主义理想信念

理想信念是一个国家、民族和政党团结奋斗的精神旗帜，"历史的胜利和成功，永远属于具有崇高理想、坚定信念的艰苦奋斗的人们"。苏区广大干部群众正是怀着对共产主义的坚定理想，同国民党反动派和恶劣的外部环境进行着长期而艰苦的斗争。坚定的共产主义理想信念是苏区精神的灵魂和旗帜。

闽浙赣革命根据地的缔造者方志敏，在 1935 年革命陷入困境时不幸被捕。抓到了共产党的"高官"，国民党政府喜出望外，蒋介石派出众多高官要员妄图以高官厚禄诱降方志敏。方志敏不为所动，正义凛然地回答道："我们军事上是暂时失败，政治上是不会失败的。我们一定会胜利，共产主义一定要在中国实现的!" 1935 年 8 月 6 日，方志敏被国民党当局枪杀于南昌下沙窝，时年 36 岁。他就义前留下的遗著《死——共产主义的殉道者的记述》中这样记载着一位共产主义战士的坚定理想信念：为着阶级和民族的解放，为着党的事业的成功，我毫不稀罕那华丽的大厦，却宁愿居住在卑陋潮湿的茅棚；不稀罕美味的西餐大菜，宁愿吞嚼刺口的苞粟和菜根；不稀罕舒服柔软的钢丝床，宁愿睡在猪栏狗窝似的住所！一切难于忍受的生活，我都能忍受下去！这些都不能丝毫动摇我的决心，相反地，是更加磨炼我的意志！我能舍弃一切，但是不能舍弃党，舍弃阶级，舍弃革命事业。

为了探索中国革命道路，党的早期领导人瞿秋白献出了自己宝贵的生命。在腥风血雨的白色恐怖年代，面对敌人的追捕，瞿秋白常对妻子杨之华说："我俩既然搞革命，被捕是很难免的，革命难免有牺牲。"1934 年，去中央苏区前，瞿秋白又说："我们一起为共产主义理想奋斗，被捕牺牲是意料中的事，你还记得广东周文雍、陈铁军夫妇一同英勇上刑场的照片吗？即使我们不能共享胜利的喜悦，这样牺牲也是无上幸福的。"1935 年被捕后，瞿秋白仍然有生存的机会，国民党的要求也不"高"：可以不公开反共，可以担任大学教授，也可以做编译工作，等等。但瞿秋白不愿为屈辱地生存而变节，他对

瞿秋白从德国返回莫斯科时与夫人及女儿合影

诱降者说："孔子云：朝闻道，夕死可矣。我不但闻了共产主义世界大同之道，而且看到越来越多的人拥护它。秋白纵然一死，何足惜哉!"赴刑前，他又对前来诱降的国民党军官说："人爱自己的历史，比鸟爱自己的翅膀更厉害，请勿撕破我的历史。"最后他以俄语高唱《国际歌》，从容就义。他的生死观体现了一个共产主义者的理想信念和献身精神。

在庆祝中国共产党成立95周年大会上，习近平总书记重温了方志敏在就义前的慷慨陈词："敌人只能砍下我们的头颅，决不能动摇我们的信仰!"习近平总书记把理想信念比喻为共产党员精神之"钙"，强调："坚定理想信念，坚守共产党人精神追求，始终是共产党人安身立命的根本。对马克思主义的信仰，对社会主义和共产主义的信念，是共产党人的政治灵魂，是共产党人经受住任何考验的精神支柱。""我们一定要铭记烈士们的遗愿，永志不忘他们为之流血牺牲的伟大理想。"

二、勇于探索的求真务实精神

求真务实是辩证唯物主义和历史唯物主义的鲜明特征，是坚持马克思主义科学世界观和方法论的本质要求。苏区时期，以毛泽东为代表的中国共产党人，坚持"没有调查，没有发言权"，深入实际调查研究，把马克思主义和中国革命实践相结合，走出了一条农村包围城市、武装夺取政权的中国特色革命道路。求真务实是苏区精神的本质和特色。

1930年2月，红四军前委、军委和赣西、赣南特委在吉安召开联席会议，通过了《土地法》。赣西南《土地法》颁布后，赣西南苏区土地改革全面启动。如何处理土地革命与工商业以及富农问题，是红四军和地方苏维埃政府亟待解决的问题。井冈山革命根据地和兴国县曾经实施过土地革命。这两次土地革命虽然积累了一定的经验，但还是存在一些问题没有处理好。例如：在建立中央苏区过程中，红四军曾经在城市实行没收工商业者的财产，引起了他们的不满。在土地改革中对地主和富农不加区别，实行富农和地主一样，没收富农土地财产，引起富农不满和中农的动摇。要想解决好这一问题，必须深入工商业和农村进行广泛调查和深入研究，找出症结所在，形成科学系统的认识。

为此，1930 年 5 月，毛泽东第二次来到寻乌，对寻乌的工商业和农村富农问题做了一次全面调查。毛泽东在寻乌县委书记古柏的陪同下，仔细考察了寻乌县城，并专门把两位熟悉当地情况的老先生邀请到自己住所，虚心向他们请教。为了更全面地了解情况，他还组织了多次调研会，要求参加调研会的人员“是能深切明了社会经济情况的人。以年龄说，老年人最好，因为他们有丰富的经验，不但懂得现状，而且明白因果。有斗争经验的青年人也要，因为他们有进步的思想，有锐利的观察。以职业说，工人也要，农民也要，商人也要，知识分子也要，有时士兵也要，流氓也要”。在座谈会上，毛泽东深入细致地向大家提出问题，诚心向大家请教。调查会开了 10 多天，毛泽东不仅对寻乌县 21 个行业、131 家大小商店的历史、现状及其主人的政治态度了然于心，而且对寻乌县 7 个区 21 户大地主、111 户中地主的剥削形式、剥削手段及压迫群众和反对革命的行为了解得清清楚楚。

除了开座谈会外，他还与群众一起劳动，进行田间调查。有一次，他从住地到县城，在路上看到有人正在拔草，便脱掉鞋子，挽起裤子和衣袖，帮助老乡干活。中午休息时，毛泽东和老乡一边喝茶一边谈家常。毛泽东详细询问了村里有多少户人家，主要姓什么；村里有几户贫雇农，几户土豪劣绅；耕田的有多少人，做手艺的有多少人；参加红军和赤卫队的有多少人；土地分配时，每个人分了多少田，红军有没有留公田，有没有派人耕种；等等。

经过20多天的调查，毛泽东做了十几万字的调查笔记，掌握了大量丰富的材料。但是，他仍然感觉到有些问题还没有弄清楚，还需要进一步探讨。毛泽东决定再召开一次有各行各业人员参加的总调查会。这次会议邀请了近60人，既包括之前参加调查会的人，又增加了乡村教师、回乡学生、缝衣工人、民间医生等。大家在会上踊跃发言，热烈讨论。会议持续了两天时间，先后调查了几百个问题，内容涉及政治、经济、交通、旧有土地关系、土地斗争、妇女在土地革命斗争中的表现、文化、教育、风俗习惯等。

寻乌调查是毛泽东第一次进行的系统、全面的大规模社会调查。后来，毛泽东在古柏的协助下，将寻乌调查笔记及搜集到的材料，整理成8万多字的调查报告《寻乌调查》。《寻乌调查》详细记载了寻乌的政治、交通、商业、旧有土地关系及土地革命斗争情况等。在对寻乌土地关系和各阶级各阶层调查研究的基础上，毛泽东提出了“依靠贫雇农、团结中农、限制富农、保护中小工商业者、消灭地主阶级”的土地革命路线。

习近平在《谈谈调查研究》的讲话中，对毛泽东寻乌调查做了高度评价：“毛泽东同志1930年在寻乌县调查时，直接与各界群众开调查会，掌握了大量第一手材料，诸如该县各类物产的产量、价格，县城各业人员数量、比例，各商铺经营品种、收入，各地农民分了多少土地、收入怎样，各类人群的政治态度，等等，都弄得一清二楚。这种深入、唯实的作风值得我们学习。”

三、一心为民、清正廉洁的执政理念

全心全意为人民群众谋利益，是中国共产党的根本宗旨和价值追求。中华苏维埃共和国是中国历史上第一个全国性的工农民主政权，是中国共产党在局部地区执政的重要尝试。苏维埃政权作为新生的国家政权，不仅是工农劳苦群众自己管理自己生活的机关，而且代表了工农劳苦大众的利益，践行一心为民的执政理念。“苏区干部好作风，自带干粮去办公，日着草鞋分田地，夜走山路打灯笼。”这首脍炙人口、广为传唱的歌谣，是对苏区干部“一心为民、清正廉洁”的执政理念最精练的概括。

1934 年 3 月，第五次反“围剿”战争的关键时期，政府财政十分紧张。为减轻苏区政府负担，《红色中华》发出倡议，要求分了田的政府工作人员，自备伙食一个月；没有分田的工作人员，如果家里有钱的也可以自备伙食。这个消息发布后，中央政府土地部副部长、代理部长胡海第一个带头报名响应。他写信回家，请家里人送一个月伙食来。在胡海的带头下，中央机关很多同志纷纷报名自带伙食来上班。3 月 24 日，中央劳动部、土地部、司法内务部及反帝拥苏总同盟等机关的工作人员，都自带伙食办公。

在中央机关的推动下，省、县、乡等机关工作人员也纷纷响应号召，自带伙食办公。1934 年 4 月，江西省苏维埃主席、苏维埃中央执行委员会委员刘启耀，在省苏维埃政府机关干部的民主生活会上，向大家宣布：“为了节省粮食，支援战争，我从 4 月份开始自带粮食办公，直到粉碎敌人的第五次‘围剿’为止。”此后，刘启耀每天都自己带着米和菜到省苏维埃机关上班，不要公家发的伙食费。他的妻子实在看不过眼，笑话他说："你是省主席，连一口都弄不到吃。"还说："老公老公，饭要我供。"刘启耀笑笑说："现在革命没有成功，政府财政困难，需要你来供，等到革命成功了，吃穿不愁。"听到丈夫的话，他的妻子也不再有什么怨言，还主动把米送到苏维埃机关。在刘启耀的带领下，江西省苏维埃政府工作人员也不再领取政府伙食费。

1933 年 7 月，兴国县在全苏区发出倡议，凡是家在苏区的干部都自带伙食办公。兴国县的倡议发出后，公略、万太、赣县、瑞金等县继起响应，很快扩展到全苏区，"自带饭包"蔚然成风，在群众中产生了强烈反响。江善忠担任乡苏维埃政府主席后，坚决不拿工资、不吃公粮，办公时候都是从家里带饭来吃。有一天，他背着干粮袋回家取米，发现母亲身体不好，又恰逢妻子刚生完小孩，母亲把家里仅有的两升米倒给他。临走时，江善忠不忍心，又偷偷把米倒回去，自己回到乡苏维埃机关，一边挖野菜充饥，一边坚持工作。

毛泽东指出："共产党员是一种特别的人，他们完全不谋私利，而只为民族与人民求福利。……他们不论遇着何事，总是以群众的利益为考虑问题的出发点，因此他们就能获得广大人民群众的衷心拥护，这就是他们的事业必然获得胜利的根据。""自带干粮去办公"真正体现了苏区政府工作人员艰苦创业、一心为民的高尚情怀。这种精神是苏区革命斗争实践的产物，是中国共产党的宝贵精神财富，是值得我们今天广大党员干部认真思考和学习的。

四、艰苦奋斗、争创一流的革命热情

艰苦奋斗是党的优良传统，是我们战胜种种困难不断前进的力量源泉。

争创一流、创造一等工作，既是共产党人在苏区时期精神世界的反映，也是广大群众对待工作的一种基本境界。在中央苏区的各项建设中，在毛泽东、朱德、周恩来等领导人言传身教带领下，广大苏区干部都自觉发挥先锋模范作用，发扬锐意进取、勇于开拓、争创第一的革命精神，涌现出了许多各方面工作都取得优异成绩的模范县、乡，成为蜚声苏区的楷模。

苏区时期，兴国县各级党员干部在工作中处处起模范带头作用，创造了党员干部政治学习带头、军事训练带头、执行勤务带头、参军参战带头、遵纪守法带头、购买公债带头、节省粮食带头、优待红属带头、发展生产带头、移风易俗带头的“十带头”。在党员干部带头作用下，兴国成为土地革命的模范、扩大红军的模范、支前参战的模范、经济建设的模范和教育工作的模范。

1929 年 4 月，毛泽东率领红四军来到兴国。在兴国潋江书院，他制定了兴国县《土地法》。兴国县革命委员会成立后，在城冈、鼎龙、东村等地开始进行土地革命。1930 年 3 月，赣西南《土地法》颁布后，兴国又率先在全县范围内进行第一次分土地。中央苏区实行“抽多补少，抽肥补瘦”原则后，兴国县又立即实行第二次土地改革。毛泽东听到这个消息，非常高兴，称赞兴国县是土地革命的先进区域。

1930 年 8 月，毛泽东提出扩大红军 2 万人。陈毅根据毛泽东要求迅速组织队伍，进行“扩红”工作。兴国县就马上组织了 3 个红军独立团。1932 年，临时中央政府发出“扩红”训令，兴国县 3 个月时间就成立了工人师、少共国际师和模范师。其中，工人师和少共国际师共计 3 000 多人，模范师 5 000 多人。1933 年 5 月，模范师 5 000 人整师加入红军开赴前线。兴国“扩红”工作得到了江西省委高度肯定，成为扩大红军的模范区域。

大量青壮年参军上前线以及反“围剿”战争给农业生产带来了很大的冲击和破坏。兴国县委和苏维埃政府积极采取措施，解决农业生产中的劳动力、耕牛、肥料、种子等困难。他们先后组织了耕田队、劳动互助组、耕牛合作社等。据《红色中华》不完全统计，截至 1934 年 4 月，江西兴国县组织劳动互助社 1 206 个，社员 2 万多人。同时，兴国县还组织妇女参加生产劳动，开展劳动竞赛，实行多种经营，尽可能减小战争给生产带来的影响。1933 年，兴国县粮食生产不但没有减少，反而还增加了 20%。由于连年增产，中央政府把兴国县作为苏区经济建设的模范。

为了支援红军和前线，1932 年和 1933 年两年时间内，中央苏区发行了 3 次公债。兴国县共购买了 46 万多元，占中央苏区各县购买公债总数的 1/8，是全苏区推销和购买公债最多的县。1933 年 6 月，由于军粮紧张，临时中央政府紧急动员苏区群众借谷 24 万担，分配给兴国县的任务是 1.2 万担，兴国县超额完成任务，借谷 2 万多担。7 月，中央政府再次向群众借谷 60 万担，分配给兴国 5 万担的任务，最后兴国县完成了 5.1 万多担。《红色中华》特地对兴国县推销公债和节省运动成绩做了报道，认为兴国县“自告奋勇推销公债，兴国是全苏区模范县”，也是“节省数目最多的一个县”。此外，兴国县的优待红军家属工作也很突出，得到中央苏区政府高度称赞。中央苏区政府号召各地都要来兴国学习经验。

尽管处于战争时期，但兴国县仍然高度重视教育。1934 年 1 月，全县开办列宁小学 427 所，在校学生 1.2 万人。开办识字总会 130 多个、分会 560 多个、识字小组 3 000 多个，扫盲和社会教育办得红红火火，卓有成效。中央政府教育部特地为兴国县政府颁布“教育工作的模范”称号。

兴国县各项工作如此出色，引起中共中央和中央政府的重视。周恩来曾经在中央苏区一次会议上说：“中国外国不如兴国，南京东京不如瑞金。”1934 年 1 月，在中华苏维埃共和国第二次全国代表大会上，毛泽东称赞道：“兴国的同志们创造了第一等的工作，值得我们称赞他们为模范工作者。”

苏区时期，广大党员干部克服重重困难，以一往无前的进取精神，艰苦奋斗、争创一流，创造了出色的工作业绩。苏区广大党员干部不仅是倡导者、开创者，而且是积极的参与者、实践者，形成一种革命力量、一种革命品质、一种革命精神。这种精神不仅集中体现了中国共产党人在工作上的高标准、严要求，而且折射出共产党人对待革命的基本态度，展示了共产党人的崇高价值追求。

五、为了革命无私奉献的优秀品质

为人民而奋斗的无私奉献精神，体现了马克思主义政党的政治品格，是中国共产党最可宝贵的精神财富。由于共产党和苏维埃政府真心实意地为群众谋利益，苏区群众真心实意地拥护革命、拥护苏维埃，无私地将一切奉献给革命、奉献给红军、奉献给苏维埃。

1929 年，闽粤赣三省国民党军队对闽西进行“会剿”。为了粉碎国民党的军事“围剿”，才溪乡进行第一次“扩红”。才溪乡发坑村的林攀信有三个儿子，长子林金堂，次子林金森，三子林金香。由于名额有限，为了能当上红军，三兄弟都想方设法做另外两个兄弟的思想工作，但争论了半天，还是没人肯相让。最后，经乡苏维埃政府批准，林金香最先当了红军。后在执行任务时，林金香不幸牺牲。第二年，乡里又进行“扩红”，林金森终于实现了当红军的愿望。1930 年的一天，林金森在攻打碉堡时以身殉职。1933 年，林家唯一剩下的林金堂又毅然加入了红军。由于繁忙的工作和艰苦的生活，林金堂也于 1938 年不幸病逝。人们感怀林家对革命事业的无私奉献，把他们称为

“红色三兄弟”。

这样的事例还有很多，前仆后继踊跃参军成为当时的一个奇观。中央苏区有一户农民家庭，共有兄弟八个，全体报名参加红军。“扩红”运动得到了苏区群众的大力支持，到处出现母送子、妻送郎当红军的感人场面。苏区老干部廖盛章回忆黄陂区的“扩红”情形说：“苏区时期提出‘扩大铁的红军一百万’，各种革命组织都召开会议，开群众大会，宣传动员民众当红军。那时到处都是标语，到处都是唱山歌。大家都做思想工作，父母动员儿子，老婆宣传老公，弟弟动员哥哥，有的人在田里做着田活就走了。当地青年的决心很大，好多青年主动要去当红军，打倒国民党，保卫苏维埃。”1932 年，江西宁都黄陂区群众整排整连地去当红军，一个村出一个排，一个乡出一个连。

聂荣臻曾说：“中央苏区人民为中国革命做出了重大的牺牲和贡献，他们向红军输送了大批优秀儿女，红军战士大多来自江西和福建。”从 1933 年 2 月到 1934 年 9 月，中央苏区总人口约 2 414 172，参加红军的大约有 331 242 人，占总人口的 13.7%，革命烈士 108 182 人。以兴国县为例，当时全县总人口约 23 万，参加红军约 5.5 万人，24%的兴国人参加了红军。

为了解决粮食问题，苏维埃政府号召全体劳动妇女参加耕种，提高苏区的生产力。1934 年 8 月，仅兴国、瑞金两县学会耕种技术的妇女就有 1.6 万余人，参加生产事业的妇女更多达 4 万人，她们大多数是红军家属。在太雷、博生等县，连小脚女人也都积极参加了生产。许多苏区妇女还参加水利建设，组织垦荒队，多种杂粮，增加生产。

在中央政府发出“借谷运动”后，苏区民众热烈响应。长汀县策田区下江乡的妇女指导员胡定借谷 60 担，除了把自己一年中收成的 30 多担谷子全部借出外，还将家里饲养的猪卖掉，买来谷子借给红军。在她的影响下，全乡群众争先恐后地借谷给红军。1934 年 6 月 5 日的《红色中华》报道，苏区民众先后向政府借谷 24 万多担。苏区民众为节约粮食来支援红军，勒紧裤带，改一天三餐为两餐，改吃干饭为喝稀饭，改吃米饭为杂粮、主粮混吃。许多苏区民众尽量吃蔬菜以节省粮食，蔬菜不够吃的时候，就挖野菜。

在烽火连天的斗争岁月，革命先烈用自己的鲜血谱写了苏区精神的壮丽诗篇。正因为苏区精神的鼓舞与激励，苏维埃政权才得以巩固和发展。历史风云虽已远去，苏区精神历久弥新。正如习近平指出的，苏区精神“是中国共产党人政治本色和精神特质的集中体现，是中华民族精神新的升华，也是我们今天正在建设的社会主义核心价值体系的重要来源”，“无论现在和将来……都要大力弘扬苏区精神……始终保持共产党人的政治本色”。

2015 年 3 月，习近平总书记参加十二届全国人大三次会议江西代表团审议时再次强调：“井冈山精神和苏区精神是我们党的宝贵精神财富，要永远铭记、世代传承，教育引导广大党员、干部在思想上正本清源、固根守魂，始终保持共产党人政治本色。”在全面建成小康社会、实现中华民族伟大复兴中国梦的征程中，大力弘扬苏区精神，仍然具有十分重要的现实意义和时代价值。

第四章

长征精神

长征精神，就是把全国人民和中华民族的根本利益看得高于一切，坚定革命的理想和信念，坚信正义事业必然胜利的精神；就是为了救国救民，不怕任何艰难险阻，不惜付出一切牺牲的精神；就是坚持独立自主、实事就是，一切从实际出发的精神；就是顾全大局、严守纪律、紧密团结的精神；就是紧紧依靠人民群众，同人民群众生死相依、患难与共、艰苦奋斗的精神。

1933 年 9 月，国民党大举进攻黎川，针对中央苏区的第五次“围剿”和反“围剿”斗争拉开战幕。这次反“围剿”斗争继续实行“左”倾冒险主义的战略指导，导致红军作战节节失利。经过一年之久的英勇抵抗和浴血苦战，广大红军指战员付出了惨重代价，仍未能挫败敌人的进攻。1934 年 10 月 10 日晚，中央红军离开江西瑞金被迫开始战略转移，从此开始了著名的长征之路。在长达两年的时间里，英勇的各路红军走过荒无人烟的草地，翻过连绵起伏的雪山，飞渡波涛汹涌的江河，历经 14 个省份，在敌人的围追堵截下行军总里程达65 000 里，先后创造了四渡赤水河、巧夺娄山关、再占遵义城、强渡大渡河、翻越夹金山、穿过沼泽地、抵达吴起镇、告捷直罗镇等可歌可泣的人间奇迹。1936 年 10 月，红二、红四方面军先后同红一方面军在甘肃会宁、静宁会师，伟大的长征胜利结束。

万里长征是中国共产党领导中国人民和军队进行英勇斗争的伟大壮举，它不仅绘就了翻越崇山峻岭、蹚过草地沼泽等一幅幅鲜活的历史画卷，还孕育了不朽的长征精神。这种精神就是把全国人民和中华民族的根本利益看得高于一切，坚定革命的理想和信念，坚信正义事业必然胜利的精神；就是为了救国救民，不怕任何艰难险阻，不惜付出一切牺牲的精神；就是坚持独立自主、实事就是，一切从实际出发的精神；就是顾全大局、严守纪律、紧密团结的精神；就是紧紧依靠人民群众，同人民群众生死相依、患难与共、艰苦奋斗的精神。习近平同志在宁夏考察时强调：“我们党领导的红军长征，谱写了豪情万丈的英雄史诗。伟大的长征精神是中国共产党人革命风范的生动反映，我们要不断结合新的实际传承好、弘扬好。”

一、一颗红心、千里追随

坚定革命的理想和信念，坚信正义事业必然胜利是红军长征取得伟大胜利的力量源泉。崇高理想、坚定信念，就要坚定跟着共产党打天下的信心和决心。

夹金山是一座海拔 4 000 多米高的大雪山，横亘于四川西部的宝兴与懋功交界处，山岭逶迤，终年积雪，空气稀薄，号称“生命禁区”。在翻越夹金山时，年仅 19 岁的谢振华带收容队的同志走到一个避风的斜坡处，看见有十来个掉队的干部战士围着一堆燃尽的木炭坐着不动。他就过去喊他们赶快走，但他们一个个却像雕塑似的毫无反应。原来，他们已经牺牲。这是因为雪山上本来空气稀薄，战士们围在一起烤火取暖又消耗了许多氧气，结果因缺氧而牺牲。70 多年后，90 岁的老将军谢振华回忆道：“本来行军就累得要命，而收容队员的任务更为艰巨。说实在的，那时，我的身体也挺不住了，但我还是咬紧牙关。雪山的天气像猴子的脸，说变就变。刚才天气还好好的，万里无云，顷刻间就狂风大作，有几个战士被吹出十几米远。接着雪和冰雹铺天盖地而来。在这种情况下，我一边鼓动大家，一边搀扶着战士一步一步向前挪动。就这样，我们终于战胜了雪山。”是什么力量支撑他们挺过艰难岁月？老将军说：“是对革命的信仰，人不能没有信仰。在爬雪山、过草地的路上，我们红军战士之所以能够坚持过来，就是我们认为吃这种苦，是为了受苦受难的老百姓的翻身解放，相信跟着共产党，为人民打天下，一定会胜利。没有这种信念，是不可能走完二万五千里长征的。”

中央红军长征翻越夹金山

“只要跟党走，就一定能胜利。”“一个人、一个军队、一个国家，任何时候都要有信仰，有理想，有一种精神。”老将军说。长征是考验中国红军男女战士的意志、勇气和力量的人类伟大史诗。越高山、渡河流、过草地，昼夜行军，几乎超越了人类身体所能承受的极限，千千万万的红军战士凭着坚韧不拔的钢铁意志，怀着对崇高理想的执着追求，以蓬勃向上的革命乐观主义精神，用青春和热血奏响了团结奋斗、人定胜天的壮丽凯歌。

长征路上不仅要克服恶劣的自然环境，还与凶残的敌人进行了无数场大大小小的战斗，每一场战斗红军官兵都把党和人民的利益放在首位，把自己的生死置之度外，用鲜血和生命诠释了革命理想和信念。在夺取娄山关的战斗中，红三军团第十二团政委钟赤兵右腿骨头被打断，做了截肢手术。伤口还未愈合，他就坚决要求跟随大部队行走，路上伤口时常发炎、剧烈疼痛，豆大的汗珠直往下掉，有时实在难以拄拐通过，他就在地上爬着走。他说，就是爬也决不离开红军！就是靠着革命的英雄主义精神和坚韧不拔的毅力，他拖着一条腿走完了长征路。

战争从来没有让女性走开。在艰苦卓绝的长征途中，2 000 多名红军女战士怀着对革命事业的赤胆忠心，以女性特有的韧性，在枪林弹雨中出生入死，与生命极限进行顽强抗争。恶劣的自然条件和严重匮乏的物资，让这些正值豆蔻年华的红军女战士性别意识越来越淡。为了伪装和方便清洗，许多红军女战士剪掉长发，剃成光头，与红军男兵同吃同住同行。最令红军女战士头痛的莫过于遭遇生理期，尽管腹部绞痛、两腿发抖，红军女战士们也只能捂着肚子一步步往前挪，不停地赶路。许多红军女战士牺牲在战斗中，倒在行军路上。有幸走完长征、最终见证新中国诞生的人，也或因长期劳累、营养不良，导致终生不育；或因行军不便，不得已将战火中诞生的至亲骨肉遗弃，一辈子生活在思念和愧疚当中。然而，历史岁月沉淀了她们以苦为乐的革命乐观精神和革命必胜的信念，使她们成为战争年代的“女神”。

二、不畏艰难、勇于牺牲

一条长征路，走出了一支越战越强的红军队伍，展现了红军无坚不摧的战斗力量，形成了党和红军不怕艰难险阻、不惜付出一切的牺牲精神。

泸定桥位于四川省泸定县，是一座著名的铁索桥。桥长 100 多米，宽 3 米，由 13 根碗口粗的铁链固定在两岸的石堆中。上面铺着厚木板，构成通行的桥面；桥下是汹涌咆哮的河水，滔滔不绝。在红军到达的时候，桥上的木板已经被敌人抽掉了，只剩下光溜溜的铁链。为了保证红军主力安全过河，由 22 名勇士组成的“夺桥突击队”率先冲上桥，他们手持冲锋枪，背插马刀，腰缠手榴弹，冒着敌人的枪林弹雨，用两只手交替抓住铁链，摇摇晃晃地向前移动。中枪的战士倒下了，被湍急的河水吞没，但英勇无畏的红军却一个个补充上来，不断向敌人扔出手榴弹。同时，后续部队则一边铺木板一边跟进。红军行动如此迅捷，作战如此英勇无畏，把敌人吓得慌了手脚，枪也打不准，最后仓皇逃跑。红军突击队穿过熊熊烈火，迅速消灭守桥之敌，成功攻占泸定城。红军吃不饱，穿不暖，没有精良装备，光着脚竟然比敌人的现代交通工具跑得还快！他们在战争中以弱胜强、以少胜多，在生与死的考验中，战胜各种艰难险阻，形成了为国为民，不怕任何艰难险阻、不惜付出一切牺牲的精神。

“红军不怕远征难，万水千山只等闲。”长征是一次艰难的战略转移，红军在中国共产党领导下先后跨越了近百条江河，其中包括赣江、湘江、乌江、大渡河、金沙江等激流汹涌的著名大川；征服了约 40 座名山险峰，其中包括 20 余座海拔 4 000 米以上的皑皑雪山；穿过了被称为“死亡陷阱”的茫茫草地。长征是艰苦的冒险，长征是人类的勇气与怯懦、胜利与失败的搏斗，它的胜利离不开红军坚定不移的勇敢精神，离不开坚定的政治信念和不屈不挠的精神。毛泽东在为延安抗日军政大学题词中指出：在共产党和红军面前，一切普遍所谓困难是不存在的，最困难的困难也能克服，红军在世界上是无敌的。

爬雪山、过草地，今天已成为人们体验长征精神的重要方式。然而，70 多年前红色大军的雪山草地之行，无疑是人类历史上最悲壮的死亡行军。张闻天的夫人刘英在回忆录中说，红军过草地的牺牲最大，这七个昼夜是长征中最艰难的日子。走出草地后，我觉得是从死亡世界回到了人间。红军过的草地主要是现在的川西北若尔盖地区。它位于阿坝藏族羌族自治州东北部，青藏高原东部边缘地带，平均海拔 3 400 米以上。茫茫草地，遍地是水草沼泽泥潭，根本没有路，一不小心就会踩着草甸陷进泥沼，被污泥吞没。老红军胡绵弟亲眼看见班里一个战士陷下，立即伸手拉他的另一个战士也跟着陷下，速度很快，眼看泥浆就要没住脖子了，最先陷进去的战士用尽最后力气，摘下军帽挥了两下，告别战友……如果再赶上天黑下雨，饮食难、露营难、路途险更是增加了红军过草地的难度，许多战士献出了年轻宝贵的生命。晚上露宿时，掉队的同志三五人一伙背靠着背休息。第二天，收容队的同志去叫他们时，一推一摸，他们的身体完全冰冷僵硬，他们就以这样的睡姿离开了这个世界。特别是快走出草地的最后两天，像这样静静地长眠在草地上的多达几十人。鸟兽绝踪的大雪山，荒无人烟的水草地，究竟吞噬了多少勇士，至今也没有一个确切的数字。长征红军依靠团结互助的高尚情操，依靠坚韧不拔的钢铁意志，依靠乐观进取的革命精神，依靠对理想信念的执着追求，在亘古荒原上谱写了不怕困难、视死如归的慷慨悲歌。

三、独立自主、务实探索

长征途中，中国共产党从实际出发，独立自主地运用马克思主义基本原理解决了思想路线、方针政策等问题，从而拨正了革命航向，引导中国革命不断取得胜利。

1934 年 12 月 20 日，贵州黄平县境内。在一片茂密的橘树林里，行军休息中的王稼祥和张闻天头靠头躺着，忧心忡忡地议论着当前的形势。王稼祥问张闻天：红军最后的目标，中央定在什么地方？张说，没有一个确定的目标。又说，这仗这样打看起来不行，还是要毛泽东出来，毛泽东打仗比我们有办法。王稼祥当天晚上就把张闻天的想法打电话告诉彭德怀，然后又告诉毛泽东。消息在刘伯承等几位将领中一传，大家都赞成开个会，让毛泽东出来指挥。之前，博古不懂军事，完全依靠不懂中国国情的李德，采取了错误的战略战术，导致红军遭受重大损失。在中国革命几乎陷入绝境的情况下，以毛泽东为代表的共产党人，从中国国情出发，开始了独立自主解决问题的尝试。

遵义会议会址

1935 年 1 月 15 日至 17 日，中共中央政治局在遵义召开扩大会议。会上，张闻天按照会前与毛泽东、王稼祥商量的意见，做了批评“左”倾军事错误的报告，比较系统地批评了博古、李德军事指挥上的错误。毛泽东接着做了长篇发言，对博古、李德军事指挥上的错误做了切中要害的分析和批评，并阐述了中国革命战争的战略战术问题和此后在军事上应采取的方针。遵义会议的胜利召开，表明中国共产党完全具备独立自主解决中国革命问题的能力，标志着中国共产党在政治上走向成熟。遵义会议挽救了红军，挽救了革命，翻开了中国共产党独立自主探索中国革命道路的新篇章，使马克思主义同中国实际相结合进入了新的阶段。从此，独立判断形势、独立做出决断、独立解决党内矛盾、独立根据国内矛盾变化做出重大政策调整转变，成为中国共产党应付各种风险挑战的基本方式。坚持独立自主、实事求是，一切从实际出发的精神，终于在全党确立起来，中国共产党以更加自信的姿态赢得了探索中国革命道路的主动权、自主权。

遵义会议以后，中央红军在毛泽东等领导人的正确指挥下，根据实际情况灵活变换作战方向，迂回穿插于敌人重兵之间，不断取得战争主动权，革命一步一步走向胜利。1935 年 3 月底，红军南渡乌江，迅速行进到贵阳东北地区。在贵阳城郊，红军用石灰在墙上刷上标语“攻打贵阳城，活捉蒋介石”，佯装攻打贵阳。正在贵阳督战的蒋介石急忙从云南调集部队增援，这正好中了毛泽东调动滇军的计谋。滇军一被调出，红军立刻奔袭云南，先锋队直逼昆明。云南当局急忙调兵固守昆明，此时金沙江的防务削弱了。红军又突然掉头向北渡过金沙江，摆脱了几十万国民党军队的围追堵截，取得了战略转移中具有决定意义的胜利。可见，坚持实事求是的思想路线，独立自主地做出军事决策，采取机动灵活的战略战术，是红军长征取得胜利的重要保证。

红军长征能够胜利会师陕北，找到开辟新局面的落脚点，要归功于遵义会议后我党逐渐形成的坚持独立自主、实事求是，一切从实际出发的精神。没有独立自主、实事求是的思想路线，就没有长征的伟大胜利，就没有中国革命的成功。

四、守纪团结、大局为重

长征途中，在异常恶劣的社会环境和自然环境下，全党全军风雨同舟、生死相依，涌现出数不清的感人故事，形成了顾全大局、严守纪律、紧密团结的精神，是长征取得伟大胜利的重要精神力量。

“加强纪律性，革命无不胜。”长征中，我党我军善于运用纪律这一有力武器，同张国焘分裂红军、另立“中央”等破坏团结统一的行为做斗争，有效地维护和巩固了党和军队的团结统一。红军总司令朱德在同张国焘分裂中央的活动进行斗争中，一直坚持原则，坚定执行中央确定的正确路线。面对张国焘的百般刁难，他不顾个人荣辱，冷静与他周旋。在阿坝会议上，张国焘等人要求朱德发表反对中央北上的声明，被朱德义正词严地拒绝，他说：“中央北上的决定，我是赞成的、拥护的、举了手的。如果硬要我发表声明，那我就再声明一下，我是拥护党中央北上决定的。”就是靠着铁一般的纪律，坚持个人必须服从组织，下级必须服从上级，全党必须服从中央，我党有了统一的意志，形成了一个战斗的集体，为红军胜利完成长征打下坚实的基础。

团结是克服困难、赢得胜利的强大力量，是凝聚人心、成就伟业的重要保证。长征途中，红军吃、住、行等物质条件十分艰苦，但“官长士兵都一样，没有人来压迫人”，形成了上下级之间、战友之间互助友爱、团结奋斗的革命精神。在无边无际的草地上，青稞面吃完了，野菜吃光了，军马也杀掉吃了。战士们只好烧皮带吃，甚至把随身带的纸张咽下去充饥，红军陷入了极大的困境。周恩来命令警卫员把自己的半碗青稞面全部分给大家泡水喝，他说："只要多留一个战士的生命，就给革命事业增加一份力量，拿出来分掉！"就是靠着"半碗青稞面"，靠着同舟共济为胜利的信念和意志，红军走出茫茫草地，走向胜利前方。

为了以较小的牺牲夺取长征通道，中国共产党始终重视统战工作，一方面争取中间党派的力量，另一方面善于利用蒋介石和国民党内部派系的矛盾，争取地方实力派的支持。长征初期，布置在第一道封锁线上的陈济棠是红军首先要对付的敌人。中共领导人根据已掌握的蒋、陈矛盾，向陈济棠宣传"中国人不打中国人，同胞不要互相残杀，枪口一致对外"的道理，对他和部下产生了较大影响。最终，陈部撤离 40 里，为中央红军突破敌军第一、第二道封锁线创造了条件。

实现全党的团结，中国共产党广泛团结犯过错误的同志，对其进行耐心细致的思想工作，并安排他们担任适当的领导职务，充分发挥他们的特长。即便共产国际军事顾问李德仍然顽固地坚持自己的错误，党中央还是尽心尽力地帮助他。长征结束后，根据他的军事专长，让他到红军大学讲课和训练骑兵。对犯了大错误的博古，仍保留在政治局常委会内，并担任总政治部代主任，参与中央决策。对在会上明确反对毛泽东军事战略的凯丰也没有撤职，仍是政治局候补委员。党中央博大的政治胸怀让犯错误的同志深受感动，多数同志能够拥护中央决议，在行动上同党中央保持一致，达到了"既要弄清思想又要团结同志"这样两个目的，为革命增添了一份力量。

长征的胜利是全党全军守纪团结、一切以大局为重的革命精神的胜利。长征期间，周恩来甘当助手，支持拥护毛泽东等人的正确意见，维护其领导地位，耐心说服博古、李德并纠正其错误路线。即使病重期间，周恩来依然恪尽职守，紧密团结全党全军，与毛泽东、张闻天等领导人一起带领红军从有可能分裂的绝境中走出，向中国的大西北——陕甘宁一带走去，迎来了革命的新曙光。党和红军与错误的思想路线、与张国焘的分裂行为做斗争，稳定了军心，增进了团结，为红军胜利完成长征打下了坚实的基础。

五、军民相依、鱼水之情

群众路线是党的根本工作路线。长征中，党和红军坚持贯彻落实党的群众路线，同人民群众患难与共，生死相依，艰苦奋斗，携手同行，依靠广大民众的力量，保证了长征的胜利。

在离开中央苏区时，一位老大爷拉着红军战士的手，把一双“红军鞋”塞给他。这是一双非常结实的布鞋，鞋帮上绣着“慰劳红军战士”。他说：“孩子，这鞋一穿到红军的脚上，那就成了‘量天尺’了，地再广，山再高，你们也能把它‘量’完。”从那以后，小红军战士就把这双鞋挂在腰间，成为他最好的伴侣。在攻打遵义城时，一颗子弹穿过鞋子打在这位战士的腰上，鞋子被打了一个大窟窿，但人只受了点皮肉伤，这双鞋被称为“救命鞋”。长征路上，党和红军获得广大人民群众的支持和帮助，与人民群众形成了生死相依、患难与共的密切关系，为长征取得伟大胜利奠定了坚实的群众基础。

长征作为一个大规模的军事转移，是历史上最盛大的武装巡回宣传。无论是在苏区还是在国统区，党和红军一面行军打仗，一面深入群众，通过布告、标语、口号、宣传画、歌谣等形式宣传革命真理。被称为“三个不停”的董必武，身体力行，带动广大指战员，开展书写标语的宣传工作。看到遵义苗民食不果腹、衣不蔽体，朱德奋笔疾书，写下了“实行耕者有其田”七个刚劲有力的大字。由于党和红军的广泛宣传，老百姓逐渐消除恐惧和疑虑，认识到红军是真心实意为他们找饭吃、找衣穿、谋生存的好队伍。

党和红军不仅重视政治宣传，更重要的是以实际行动践行这些口号，以实际利益满足群众需要，与沿途群众建立亲密关系，处处维护沿途群众利益，赢得了民心。进入遵义城后，红军严格遵守“三大纪律，八项注意”，严格按照进城要求，不惊扰商家民家，露宿街头。一大早遵义城居民打开门看到的是，沿街每家屋檐下一堆堆全是身着青布衣服、怀抱武器的红军战士。看到红军这么艰苦，当年 34 岁的徐解秀就让 3 名红军女战士住到了家里。晚上，三名红军女战士就和徐解秀盖一条行军被，睡一张床，徐解秀的丈夫睡在门口的草垛上。白天，红军战士们和徐解秀一起干活，讲进步道理，还帮她带孩子，徐解秀帮红军战士煮饭。红军离开时，看到徐解秀家连一床像样的被子都没有，一名红军女战士用剪刀将行军被剪开，将半床被子留给了徐解秀。半床被子留下了共产党和红军的深情，留下了人民对共产党的认识和想念。

军爱民，民拥军。红军长征能够取得伟大胜利，一个重要方面就是党和红军通过自己的实际行动与沿途人民群众建立了深厚的军民鱼水情，得到了他们的大力支持。他们通过各种方式支援中国共产党的民主革命，如自觉参加红军，帮助红军带路，救治红军伤病员，提供物资给红军。红军长征经过藏区时，有不少藏民参加了红军。藏民天宝参军前还是藏传佛教寺院里的小喇嘛，他看到红军部队遵守群众纪律，不进寺院，不住民房，对藏民态度友好，毅然参加了红军并积极加入中国共产党，被称为“披着袈裟当红军”。长征路上，广大人民群众不顾个人安危，帮助掩护、安置和治疗大批不能随军行动的红军伤病员。一些开明的工商业主和进步人士也对红军提供了大量帮助，遵义城中药铺的田庆云医师曾专门开办一家“平民医院”，收治伤病员。党和红军与人民群众建立了深厚的感情，许多百姓在红军撤离后，冒着生命危险通过保存红军的标语和遗物、传唱诗词来表达对红军的思念。红军卫生员龙思泉为了给当地穷人治病，未能及时赶回部队，被地方反动武装杀害。当地人怀着悲愤之情安葬了烈士，并为他竖立了红军铜像。每到重大节日，全国各地慕名而来瞻仰“红军菩萨”的游客络绎不绝，纷纷表达对红军军医的怀念。

得民心者得天下。中国共产党及其领导的人民军队，始终贯彻群众观点，坚持走群众路线，与广大人民群众同呼吸、共命运，生死相依、艰苦奋斗，保证了艰苦卓绝的长征的胜利。

“每一代人有每一代人的长征路，每一代人都要走好自己的长征路。”中国特色社会主义进入新时代，在新长征的征途上，我们要继续弘扬长征精神，为实现“两个一百年”奋斗目标、实现中华民族伟大复兴的中国梦提供精神动力。

第五章

抗战精神

在民族危难之际，中国共产党秉持民族大义，毅然担负起民族救亡的历史重任，创造性地回答了决定抗日战争成败的一系列根本性、战略性问题，倡导建立以国共合作为基础的抗日民族统一战线，并始终奋斗在抗战第一线，成为全民族团结抗战的中流砥柱。

1931 年 9 月 18 日，日本侵略者发动九一八事变，占领中国东北全境；1937 年 7 月 7 日又蓄意制造了震惊中外的卢沟桥事变，悍然发动了全面侵华战争。“从卢沟桥事变肇始，平津危急，华北危急，中华民族危急，中华民族到了最危险的时候。”在民族危难之际，中国共产党秉持民族大义，毅然担负起民族救亡的历史重任，创造性地回答了决定抗日战争成败的一系列根本性、战略性问题，倡导建立以国共合作为基础的抗日民族统一战线，并始终奋斗在抗战第一线，成为全民族团结抗战的中流砥柱。“大江南北，长城内外，全体中华儿女冒着敌人的炮火共赴国难，无论是正面战场，还是敌后战场，千千万万爱国将士浴血奋战、视死如归，各界民众万众一心、同仇敌忾，奏响了一曲气壮山河的抗击日本侵略的英雄凯歌，用生命和鲜血谱写了一首感天动地的反抗外来侵略的壮丽史诗。”这是习近平总书记 2014 年 7 月 7 日在纪念全民族抗战爆发 77 周年仪式上掷地有声的话语。

中国人民的抗日战争，以 1931 年九一八事变为起点，到 1945 年日本宣布无条件投降结束，经历了 14 年艰难曲折的斗争，是近代以来中国反抗外敌入侵第一次取得完全胜利的民族解放战争，是“战争史上的奇观，中华民族的壮举，惊天动地的伟业”。在中国人民 14 年抗日战争的壮阔进程中，形成了伟大的抗战精神，向世界展示了天下兴亡、匹夫有责的爱国情怀，视死如归、宁死不屈的民族气节，不畏强暴、血战到底的英雄气概，百折不挠、坚忍不拔的必胜信念。伟大的抗战精神，是中国人民战胜日本侵略者的力量支撑，是中华民族弥足珍贵的精神财富，更是实现中华民族伟大复兴的不竭动力。

一、天下兴亡、匹夫有责的爱国情怀

“领土一省又一省地被人侵占，人民千万又千万地被人奴役，城村一处又一处地被人血洗，侨胞一批又一批地被人驱逐，一切内政外交处处被人干涉，这还能算什么国家!？这还能算什么民族!？同胞们！中国是我们的祖国！中国民族就是我们全体同胞！我们能坐视国亡族灭而不起来救国自救吗？不能！绝对不能!”这是1935年8月1日中共《八一宣言》中的一段泣血自问。面对日本军国主义的武装侵略，祖国国土的大片沦丧和国民党政府的屈辱退让，全国各族人民无不痛心疾首、义愤填膺，在中国共产党倡导建立的以国共合作为基础的抗日民族统一战线旗帜下，地不分南北，人不分老幼，全国人民义无反顾地投身到抗击日本侵略者的洪流之中。“天下兴亡，匹夫有责”成为时代最强音。

许多知识分子特别是爱国青年和学生成为抗日救亡的先锋。九一八事变一爆发，上海、南京、北平、天津、杭州、西安、武汉、南昌等地的青年学生便纷纷组成请愿团、示威团，要求国民政府停止内战、一致对外，呼吁全国同胞奋起抵抗。一些知识界人士发表讲话、创办报刊、撰写文章，宣传、动员各界民众支持抗战。1935年，“华北事变”爆发后，北平大中学生数千人举行了抗日救国示威游行，反对华北自治，反抗日本帝国主义，要求保全中国领土的完整，掀起全国抗日救国新高潮。这就是著名的一二·九运动。毛泽东同志曾指出，一二·九运动“是动员全民族抗战的运动，它准备了抗战的思想，准备了抗战的人心，准备了抗战的干部”。

工人群众在抗日救亡运动中发挥了重要作用。1931 年 9 月 24 日，上海 3.5 万多名码头工人举行反日大罢工，拒绝为日本船只装卸、搬送货物。紧接着，上海邮务、水电、卷烟、针织、棉纺、皮革、造船等行业的 100 多个工会约 10 万人举行抗日救亡大会。会上通过了对日宣战、武装群众、惩办失职失地官吏等决议案，会后举行了声势浩大的示威游行。10 月 2 日，上海 150 多个工会举行代表大会，讨论抗日救国纲领。会议决定发表《告世界工人书》，揭露日本帝国主义悍然出兵侵略中国的罪行。除上海外，南京、天津、汉口、青岛、太原、长沙等城市也先后爆发了工人罢工、游行、抵制日货等斗争。

广大妇女也积极加入抗日救国行列，许多省成立了妇女抗战后援会，以各种形式支援前线。敌后抗日根据地的妇女，积极为前线浴血奋战的战士做军衣和军鞋、缝被子、送公粮、运弹药，救护伤病员，送子送夫参军，侦察敌情和传递情报。不少妇女志愿参军，奔赴抗日战场。抗战期间，就连广大少年儿童都做了自己力所能及的工作，贡献了自己最大的智慧和力量。1940 年 4 月 4 日《新华日报》刊文指出：我们的亲爱的孩子们，我们新生的一代，却在炮火的烈焰中诞生和成长起来。在前线，他们负担起帮助军队刺探军情、传消息和救护的工作；在敌后，他们做侦察、放哨、查路条的工作，紧站在自己的岗位上；在大后方，千百万的儿童从事宣传、募捐、劳军等各种工作，他们用他们的热情，来直接和间接地帮助抗战，并在每一件事实中、每一件工作上，表现出他们的威力来。

中华民族内部蕴藏的无穷无尽的巨大能量，将中国由“散沙一盘”凝聚成“磐石一块”，人民从中看到了自己的力量。正如毛泽东所说：“这个战争促进中国人民的觉悟和团结的程度，是近百年来中国人民的一切伟大的斗争没有一次比得上的”，“中国军队的广大官兵，在前线流血战斗，中国的工人、农民、知识界、产业界，在后方努力工作，海外华侨输财助战，一切抗日政党，除了那些反人民分子外，都对战争有所尽力”。这种来自中国亿万民众的力量，既是抗日战争取得胜利的重要条件，也是实现中华民族伟大复兴源源不断的内在动力。

二、视死如归、宁死不屈的民族气节

在河北献县本斋村北的一处烈士陵园，矗立着一座汉白玉英雄纪念碑，正面镌刻着毛泽东的题词：“马本斋同志不死”，背面镌刻的是朱德撰写的挽联：“壮志难移，回汉各族模范；大节不死，母子两代英雄”。这座陵园安葬的是八路军回民支队司令员马本斋的母亲白文冠烈士。

全民族抗战爆发后，马本斋率本村青壮年 70 多人组织起回民抗日义勇军，在冀中平原打击日寇，这支队伍后来扩大为八路军回民支队，骁勇善战，被毛泽东同志称为“百战百胜的回民支队”，令日寇闻风丧胆。1941 年 8 月 26 日凌晨，日军突袭马本斋的老家献县东辛庄，抓走了马本斋的母亲白文冠老人，逼迫马母招降马本斋。白文冠是位普通的农村妇女，但在日寇的魔爪下，却表现出了极其高贵的人格。日军用卑劣的手段威胁诱骗老人给马本斋写信，劝他投降，老人怒斥说：“我是中国人，一向不知有投降二字。”她还规劝给她送饭的伙夫说：“如果有一天你良心发现，你到回民支队去告诉我儿子，让他狠狠打击日本鬼子，别惦记我老太太。”为了让儿子不受胁迫，白文冠老人绝食 7 天，壮烈牺牲。她的凛然气节，感天动地。

“人生自古谁无死，留取丹心照汗青。”1938年10月，以指导员冷云为首的东北抗日联军8名女兵，与日伪军展开激战。她们主动吸引日伪军火力，使部队主力迅速摆脱敌人的攻击，但自己却被敌军围困在河边。在背水战至弹尽的情况下，面对日伪军逼降，她们誓死不屈。冷云坚定地对大家说：“同志们，我们是共产党员、抗联战士，宁死也不做俘虏！为祖国的解放而战死，是我们最大的光荣！”她们投出最后一颗手榴弹，趁敌人卧倒的机会，毁掉枪支，挽臂涉入冰冷的乌斯浑河，高唱着《国际歌》集体沉江，壮烈殉国。牺牲时，她们中年龄最大的冷云23岁，最小的王惠民才13岁。8名女战士为中华民族的解放献出了她们年轻的生命。2009年9月14日，她们被评为“100位为新中国成立做出突出贡献的英雄模范人物”之一。天下艰难际，时势造英雄。在14年反抗日本军国主义侵略特别是8年全面抗战的艰苦岁月中，还涌现出杨靖宇、赵尚志、左权、彭雪枫、佟麟阁、赵登禹、张自忠、戴安澜等一批抗日英烈和八路军“狼牙山五壮士”、新四军“刘老庄连”、东北抗联8位女战士及国民党军“八百壮士”等众多英雄群体，整排、整连、整营、整团、整师献身战火者并不鲜见。

这一个个可歌可泣的悲壮故事，背后是普通而伟大的抗日英雄，他们中有高级将领也有普通士兵，有军人也有普通百姓，无论是正面战场还是敌后战场，他们或以个体或以群体，面对武装到牙齿的残暴敌人，不畏惧、不屈服，形成了抗击日寇侵略的铜墙铁壁，展现出视死如归、宁死不屈、保家卫国、舍生取义的民族气节。民族气节是为了维护国家和民族尊严而永不屈服的精神品质和高尚追求，中华民族5 000年间历经沉浮却始终薪火相传，绵延其中的正是这种宝贵的精神品质。在这场救亡图存的伟大斗争中，中华儿女为中华民族独立和自由不惜抛头颅、洒热血，母亲送儿打日寇，妻子送郎上战场，男女老少齐动员。千千万万华夏儿女，用鲜血和生命汇成了淹没侵略者的汪洋大海，宁肯站着死，绝不跪着生，彰显了无比高贵的人格光辉，捍卫了民族的尊严。

三、不畏强暴、血战到底的英雄气概

台儿庄地处苏鲁交界，为山东南大门，徐州之门户，举世闻名的京杭大运河横贯全境，自古是南北漕运枢纽，战略位置十分重要，历史上为兵家必争之地，也是日军夹击徐州的首争之地。1938 年 3 月下旬，日军两个精锐师团 3 万多人两路夹击，向战略要地徐州逼近，抗日军队在台儿庄筑起了“血肉长城”。3 月 24 日，日军矶谷师团在飞机大炮的掩护下突进猛攻台儿庄，对我军阵地狂轰滥炸，一天之内落入6 000 多发炮弹，我方守军第三十一师在无大炮也无坦克的情况下，以血肉之躯与敌军的大炮、坦克搏斗，坚守阵地，至死不退，敌军猛攻三昼夜才攻入城内。三十一师官兵抱定与城共存亡的决心，逐屋抵抗，几个人一组分散躲在民房内，以倒塌的残垣断壁做掩护，阻击敌人，捡顺手的农具或削尖的竹签做武器，等敌人靠近时奋力一击。就这样，任凭敌人如何冲杀，我方战士死守不退，至死不屈。日军在 1938 年 4 月 2 日的战斗详报中这样记载：全部守兵顽强抵抗直到最后……力战而死之状，虽为敌人，睹其壮烈亦为之感叹。曾使翻译劝其投降，绝无应者。4 月 3 日，我方守军向台儿庄的日军发起全线反攻，激战 4 天，歼灭部分日军，其余残部狼狈逃窜。台儿庄战役是中国军队取得的一次重大胜利。在历时半个多月的激战中，中国参战部队达 4.6 万人，伤亡、失踪 7 500 人，歼灭日军 1 万余人，缴获大批武器装备。台儿庄大捷，极大地鼓舞了全国人民抗战必胜的信心，使日本侵略者为之胆寒，展现了全国军民不畏强暴、血战到底的决心。

正面战场，面对武器装备远优于我军的强敌，广大爱国将士以“宁为玉碎，不为瓦全”的精神同仇敌忾，誓死御敌，每一仗都可谓悲壮惨烈。淞沪会战中，率第五军增援淞沪抗战的张治中在阵前发布《告全军将士书》，寄语将士们：“人人抱必死之心，以救国家，以救民族。假如日军犹有一兵一卒留我国内，我们的责任即未完成；反之，我们如尚有一兵一卒，必与日军拼命到底！”在守卫曹家桥的战斗中，坚守阵地的60余名战士全身浸火油、负炸弹，突然猛扑日军阵地，致日军数百人毙命，60余名勇士全部壮烈牺牲。平型关大捷中，第六八六团第二营五连连长曾贤生在发起冲锋后，第一个冲上去，带领全连用手榴弹炸毁近20辆汽车，而后在与敌人的肉搏中，拉响手榴弹与敌人同归于尽。这一壮举极大鼓舞了全连战士，大家群情激昂，奋勇拼杀，经过6个多小时血战，只剩30多位同志，歼敌1 000余人，缴获大批武器及物资。

所有投身中国人民抗日战争中的人，都是抗战英雄，都是民族英雄。毛泽东在《论反对日本帝国主义的策略》一文中说过：“我们中华民族有同自己的敌人血战到底的气概，有在自力更生的基础上光复旧物的决心，有自立于世界民族之林的能力。”习近平总书记指出，近代以后，面对强敌的一次次入侵，中华民族没有屈服，而是不断集结起队伍，前仆后继，顽强抗争，誓与侵略者血战到底，奏响了无数气壮山河的英雄凯歌。

四、百折不挠、坚忍不拔的必胜信念

抗战不仅是武力的较量，更是民族意志与信念的较量。抗战初期，有先进装备的日本侵略者凭着各方面的优势曾长驱直入，在短期内占领了大片中国领土。那时候，中国国民党内部分人存在亡国论的议论，认为“抗战必亡”“再战必亡”，部分国人悲观失望，甚至抵抗意志全消，出现了主张对日妥协投降的势力；还有一种是中国速胜论。针对这些错误思想倾向，毛泽东于1938年5月发表《论持久战》，承认抗日战争的艰苦和困难，回答了困扰人们思想的种种问题，在总结抗日战争初期经验的基础上，系统阐述了中国实行持久战以获得对日胜利的战略。《论持久战》是中华民族具有顽强意志和必胜信念的精神传统的高度体现，极大地鼓舞了全国人民的抗日斗志，为夺取抗战胜利奠定了思想基础。

抗日战争年代国民党对延安实行经济封锁，毛泽东号召“自己动手，丰衣足食”

同时，抗战进入相持阶段后，由于日本侵略者对根据地实行“扫荡”“清乡”“蚕食”和毁灭性的“三光”政策，国民党顽固势力实行军事包围和经济封锁，以及旱灾、蝗灾等自然灾害，抗日根据地生产遭到严重破坏，财政经济极端困难。有的干部，战士甚至一度遭受半年吃树叶、地瓜秧、花生皮稀稀掺一点粮食的情况下坚持作战的困境。毛泽东回顾当时的困难状况时曾说：“我们曾经弄到几乎没有衣穿，没有油吃，没有纸，没有菜，战士没有鞋袜，工作人员在冬天没有被盖。国民党用停发经费和经济封锁来对待我们，企图把我们困死，我们的困难真是大极了。”为了有效应对危机，以毛泽东为代表的中国共产党人及时提出“发展经济，保障供给”的正确方针和“自己动手，丰衣足食”的号召，动员根据地军民开展大生产运动，实行生产自救。在延安大生产运动中，毛泽东率先垂范，在杨家岭的办公楼下亲手开辟了一片荒地，种上辣椒、西红柿等蔬菜；朱德背着箩筐到处拾粪积肥；周恩来迅速成了纺线能手。1940 年，朱德总司令根据中共中央关于开展大生产运动的指示精神亲赴南泥湾踏勘调查，决定在此屯垦自给。1941 年春，八路军一二 O 师三五九旅在旅长兼政委王震的率领下，奉命开进南泥湾，披荆斩棘，开荒种地，风餐露宿，战胜重重困难。1942 年，生产自给率达到 61.55％；1943 年，生产自给率达到 100％；到 1944 年，三五九旅共开荒种地 26.1 万亩，收获粮食 3.7 万石，养猪 5 624 头，上缴公粮 1 万石。广大官兵用自己的双手和汗水，将荒无人烟的南泥湾变成了“平川稻谷香，肥鸭遍池塘。到处是庄稼，遍地是牛羊”的陕北好江南。

艰难曲折的 14 年抗战，无论战争多么惨烈、形势多么险恶、条件多么艰苦、牺牲多么巨大，全国各族人民在中国共产党的领导和指引下，始终坚持抗战、拒绝投降，坚持团结、拒绝分裂，坚持进步、拒绝倒退，百折不挠、坚忍不拔，最终迎来彻底的胜利。党领导的人民抗日武装对敌作战 12.5 万次，消灭日、伪军 171.4 万人，其中日军 52.7 万人，缴获各种枪支 69.4 万余支，各种炮 1 800 余门。在抗日战争中，党的力量也获得空前的发展和壮大。党员发展到 120 多万人；人民军队发展到 130 余万人，民兵发展到 260 万人；

抗日民主根据地面积达到近100万平方公里，人口近1亿。

中国抗日战争也是世界反法西斯战争的重要组成部分，在这场关乎世界和平、人类命运的世界反法西斯战争中，中国抗日战争开始时间最早，持续时间最长，抗击和消灭日军最多，付出代价最大。中国战场抗击和牵制了日本2/3以上的陆军兵力和部分海空军事力量，牢牢捆住了日本法西斯的手脚。1945年，美国总统罗斯福在国情咨文中表示，美国“忘不了中国人民在7年多的长时间里怎样顶住了日本人的野蛮进攻和在亚洲大陆广大地区牵制住大量的敌军”。

习近平总书记在纪念中国人民抗日战争暨世界反法西斯战争胜利70周年大会上发表的重要讲话，站在民族复兴的历史高度，心系人类前途命运，贯通历史和未来，连接中国与世界，倡导和平与发展，深刻阐述历史所昭示的伟大真理：正义必胜，和平必胜，人民必胜。这是以史鉴今的启示录，也是继往开来的宣言书。

2014年2月27日，第十二届全国人大常委会第七次会议通过决定，将每年的9月3日确定为中国人民抗日战争胜利纪念日，12月13日设立为南京大屠杀死难者国家公祭日。2014年12月13日上午10时，国家公祭仪式在侵华日军南京大屠杀遇难同胞纪念馆举行。习近平总书记在仪式上讲道：南京大屠杀惨案铁证如山、不容篡改。任何人要否认南京大屠杀惨案这一事实，历史不会答应，30万无辜死难者的亡灵不会答应，13亿中国人民不会答应，世界上一切爱好和平与正义的人民都不会答应。……我们为南京大屠杀死难者举行公祭仪式，是要唤起每一个善良的人们对和平的向往和坚守，而不是要延续仇恨。……中国人民也要庄严昭告国际社会：今天的中国，是世界和平的坚决倡导者和有力捍卫者，中国人民将坚定不移维护人类和平与发展的崇高事业，愿同各国人民真诚团结起来，为建设一个持久和平、共同繁荣的世界而携手努力。

“纸上得来终觉浅，绝知此事要躬行。”自2014年设立国家公祭日以来，北京101中学全校师生跨越1 000多公里，每年国家公祭仪式后都要到侵华日军南京大屠杀遇难同胞纪念馆参观，缅怀在大屠杀中遇难的同胞们。在悼念仪式上，程翔副校长对学生们说：“你们生活在今天，你们活着，你们学习，你们成长是要干什么？是要为什么？不仅仅是为了个人的幸福，不仅仅是为了个人考上一个大学，更不仅仅是为了你个人走向美国、走向英国。要记住，你作为一个中国人，你首先要为这个民族、要为这个国家而成长。……我们中华民族要记住我们的伤痛。”

2014年12月13日，首次南京大屠杀死难者公祭仪式举行

70多年前，为战胜日本帝国主义，中国人民饱经磨难、同仇敌忾，经过艰苦卓绝的浴血奋战，打败了穷凶极恶的日本侵略者，赢得了近代以来中国抗击外敌入侵的第一次完全胜利，彻底粉碎了日本军国主义殖民奴役中国的图谋，洗刷了中华民族反抗世界列强侵略屡战屡败的百年耻辱；重新确立了中国的世界大国地位，恢复了中华民族的民族尊严，赢得了世界爱好和平人民的尊敬；开辟了中华民族伟大复兴的光明前景，开启了古老中国凤凰涅槃、浴火重生的新征程。这一伟大胜利，也是中国人民为世界反法西斯战争胜利、维护世界和平做出的重大贡献。

今天的中国，已经成为一个拥有保卫人民和平生活坚强能力的伟大国家，中华民族任人宰割、饱受欺凌的时代已经一去不复返了，中国人民正在意气风发地沿着中国特色社会主义道路，为实现“两个一百年”奋斗目标、实现中华民族伟大复兴的中国梦而奋斗。新的历史条件下，我们必须牢记历史、尊重历史、正视历史，大力弘扬伟大的抗战精神，不断增强民族团结的精神纽带、自强不息的精神动力，继续朝着中华民族伟大复兴的中国梦奋勇前进，不断以坚持和发展中国特色社会主义的新成就告慰我们的前辈和英烈！伟大的抗战精神，永远是激励中国人民维护祖国统一、实现中华民族伟大复兴、推动世界和平发展的强大精神动力。

第六章

延安精神

延安精神是以中国共产党人为核心、为代表的中华民族先进分子、优秀分子，在中华民族内忧外患、生死存亡的历史时期，在领导中国人民进行争取民族独立和人民解放的伟大革命斗争实践中形成的理想追求、精神风貌、思想品德、行为准则、工作作风的精神和结晶。它是中国共产党性质和宗旨的具体体现，是马克思主义理论品格的具体体现，是无产阶级世界观和人生观的具体体现，是中国共产党一以贯之、世代相传的革命精神的重要内容。

1935年10月19日，中共中央和中央红军历经二万五千里长征，胜利到达陕北吴起镇，随即决定在陕北“立足”，保卫和扩大陕北苏区，并以此领导全国革命。1937年1月13日，中共中央进驻东北军撤出的延安城。1947年3月13日，胡宗南率重兵大举进攻延安；18日，中共中央撤离延安，要“用一个延安换取全中国”，继而开始了一年零五天的转战。1948年3月23日，中共中央和毛泽东东渡黄河，前往河北西柏坡。

延安，毛泽东居住过的窑洞

在延安13年，中国共产党孕育了光照千秋的延安精神，在中国的革命和建设中发挥了巨大的精神动力作用。延安精神是中国共产党，也是中华民族的宝贵精神财富，它对中国历史发展进程产生着巨大和深远的影响。延安精神的主要内容是：坚定正确的政治方向，解放思想、实事求是的思想路线，全心全意为人民服务的根本宗旨，自力更生、艰苦奋斗的创业精神。

延安精神是以中国共产党人为核心、为代表的中华民族先进分子、优秀分子，在中华民族内忧外患、生死存亡的历史时期，在领导中国人民进行争取民族独立和人民解放的伟大革命斗争实践中形成的理想追求、精神风貌、思想品德、行为准则、工作作风的结晶。它是中国共产党性质和宗旨的具体体现，是马克思主义理论品格的具体体现，是无产阶级世界观和人生观的具体体现，是中国共产党一以贯之、世代相传的革命精神的重要内容。延安精神不仅属于历史，而且属于现在和未来。2009 年 11 月，习近平在延安考察工作时指出，伟大的延安精神教育滋养了几代中国共产党人，始终是凝聚人心、战胜困难、开拓前进的强大精神力量。

一、坚定正确的政治方向

坚定正确的政治方向，就是要坚持马克思主义中国化，坚持反帝反封建的两大历史任务，坚持走历史必由之路，使共产党的政治主张成为团结全国人民共同奋斗的一面旗帜。

马克思主义的创始人马克思、恩格斯一再强调，对于马克思主义的基本原理，“随时随地都要以当时的历史条件为转移”，应是行动的指南，而不应作为教条。马克思主义中国化作为全党任务的提出与取得巨大成果，都是在延安时期。在瓦窑堡会议上，毛泽东尖锐地批评了党内关门主义不会把马列主义“活泼的运用到中国的特殊的具体环境去”，而把马列主义变成死的教条。1937 年 4 月，中共中央发出《告全党同志书》特别强调：由于“中国革命的复杂性与变化多端性”，“马克思列宁斯大林主义的原则必须使之具体化，成为具体行动的指南针”，中国共产党能否做到这一点，“将决定此次大革命能否胜利的命运”。1938 年 10 月，在中共六届六中全会上，毛泽东在《抗日民族战争与抗日民族统一战线发展的新阶段》中提出了“马克思主义的中国化”的科学概念，并对其做了深刻、具体而精辟的阐述。他指出：“马克思、恩格斯、列宁、斯大林的理论，是‘放之四海而皆准’的理论。不是把他们的理论当作教条看，而是当作行动的指南。”对于中国共产党而言，“就是把马克思主义应用到中国具体环境的具体斗争中去……离开中国特点来谈马克思主义，只是抽象的空洞的马克思主义。因此，马克思主义的中国化，使之在其每一表现中带着中国的特性，即是说，按照中国的特点去应用它，成为全党亟待了解并亟须解决的问题”。1939 年，毛泽东在《〈共产党人〉发刊词》中第一次完整地提出了马克思列宁主义的理论和中国革命的实践相结合的科学概念。

毛泽东思想在延安时期全面展开并达到成熟，而且全党对毛泽东思想的科学性逐步形成共识。1943 年 7 月，刘少奇使用了“毛泽东同志的思想”和“毛泽东同志的思想体系”两个概念。王稼祥指出，毛泽东思想“是马克思列宁主义与中国革命运动实际经验相结合的结果”，“是中国的马克思列宁主义”。这些观点逐渐得到全党的普遍认同。中共七大对毛泽东思想做了完整概括和系统阐释，并将之确立为全党的指导思想。

1935 年 12 月，结束长征刚刚落脚陕北的中国共产党，面对日本帝国主义侵略中国、中国面临亡国灭种的现实威胁，坚决以民族利益为重，提出了抗日民族统一战线的方针，担负起反帝反封建的两大历史任务。1936 年底，西安事变爆发，在中国共产党的积极引导和推动下，达成了和平解决的方案，最终促成全民族抗战局面的形成。1938 年，抗日战争进入相持阶段后，面对国民党不断掀起的反共高潮，尤其是使国共关系空前紧张的“皖南事变”，中国共产党从民族大义出发，坚持有理有利有节、求同存异、既独立又统一、既联合又斗争等原则，坚持和维护了抗日民族统一战线。中国军民同仇敌忾，众志成城，英勇抗击，终于将日本帝国主义赶出中国。

抗战胜利后，中国共产党又从中国人民的根本利益和愿望出发，提出建立联合政府，实现民主和平，建立新民主主义的中国。但是国民党反动集团违背人民的意愿，悍然发动反共反人民的内战。因此，中国共产党领导中国人民一方面进行推翻国民党反动派的人民解放战争，一方面进行消灭封建剥削制度的新民主主义革命。延安时期的革命斗争为夺取中国新民主主义革命的彻底胜利、结束 2000 多年的封建专制、建立新中国奠定了坚实基础。

经过长征到达陕北的中共中央分析了国内外政治形势的变化，对中国革命前途形成了正确的认识。毛泽东在《中国革命和中国共产党》中，从分析中国社会的特殊性质出发，系统阐明了中国革命的对象、任务、动力和性质；指出中国现阶段的革命是新式的、特殊的资产阶级民主主义革命，即新民主主义革命；首次阐明了两个革命阶段的逻辑关系，指出新民主主义革命是社会主义革命的必要准备，社会主义革命是新民主主义革命的必然趋势。在《新民主主义论》中，毛泽东全面阐述了中国特殊的新民主主义革命理论，深刻论证了新民主主义社会理论，构建起关于革命转变理论的科学体系。走历史必由之路，就是中国共产党人遵循历史发展的规律，朝着社会主义的方向而奋斗。

二、解放思想、实事求是的思想路线

解放思想、实事求是的思想路线是中国共产党人经过长期革命斗争实践的探索，在同主观主义、教条主义的斗争中，特别是经过延安整风运动而逐步形成的，是中国共产党在理论上走向成熟的重要标志。

为了使马克思主义基本原理同中国革命具体实际相结合的思想成为全党的共识，成为指导每一个共产党员的思想武器，延安开展了轰轰烈烈的整风运动。延安整风运动的主要内容是反对主观主义、宗派主义、党八股，在全党树立起马克思主义的思想作风。延安整风运动是在全党范围内进行的一次普遍的马克思主义教育运动，是破除把马克思主义教条化、把共产国际决议和苏联经验神圣化错误倾向的思想解放运动，确立了实事求是的思想路线。毛泽东曾说，整风运动在精神生活方面起了决定性的作用，如果不整风，党就变了性质，我们就不能前进。邓小平也说过，延安整风以后，无论前方后方的人，真是生气勃勃，生动活泼，心情舒畅，团结一致。即使一心想消灭共产党的蒋介石也对延安整风做出肯定的评价，认为这场整风运动逐渐打破共产党“过去空疏迂阔的形式主义，使一般干部养成了注重客观、实事求是的精神”。

重视调查研究是我们党发扬实事求是精神的重要路径。1942 年 1 月 1 日，《解放日报》发表题为《掌握马克思主义的钥匙》的社论，指出，“关于调查研究的决定，对于掌握马克思主义武器，指引了一条捷径，提供了一个宝贵的钥匙。这对于全党学习应用马列主义，将是一个重大的推动。从这个决定以后，调查研究的工作，成了学习马列主义的主要环节了”，“党中央所倡导的调查研究工作，是马列主义理论和中国革命实践的活生生的统一”。

对于调查研究，党的中央领导率先垂范，积极参与。1941 年春，朱德去南泥湾察看并决定让三五九旅在这里实行屯田。9 月，西北局组织农村考察团到固临进行调查研究，写出了《固临调查》一书。12 月，年已花甲的陕甘宁边区政府主席林伯渠，率领一支 20 余人的考察团，赶赴甘泉、富县进行调查研究。1942 年 1 月，张闻天率领一个农村调查团，从延安出发到陕甘宁边区的神府、绥德、米脂、晋西北的兴县进行了为期 15 个月的实地调查，查阅了大量文字材料，写出了调查报告《出发归来记》，指出学习马列主义“要从实际出发，要认识实际，其基本一环，就是对于这个实际的调查研究”。正是通过领导干部的这种示范与带头作用，延安掀起了调查研究之风，广大党员干部学会了把马克思主义基本原理运用到革命实际中，学会了如何用马克思主义的立场、观点、方法认识问题、分析问题和解决问题。

三、全心全意为人民服务的根本宗旨

为人民服务是中国共产党作为马克思主义政党从诞生那一刻起就坚持的根本的群众观点，这一群众观点在延安时期被旗帜鲜明地提出，并成为统一全党思想的出发点和落脚点。

抗日民族统一战线建立后，大批知识分子与文艺工作者来到延安。他们奔赴延安加入革命队伍的行列，证明他们是爱国的、是抗日的，也是拥护中国共产党抗日主张的，但是并不代表其小资产阶级思想向无产阶级思想的完全转变，在他们身上“或长或短地拖着一条小资产阶级的尾巴”。

为了更好地端正文艺方向，彻底解决文艺为谁服务、如何服务的问题，1942年5月，毛泽东在中央办公厅楼下会议室主持召开了为期3天的文艺座谈会，出席的作家、艺术家及文艺工作者共80余人。这就是著名的“延安文艺座谈会”。在会上，毛泽东深刻指出文艺问题“基本上是一个群众的问题和一个如何为群众的问题”，“为什么人的问题，是一个根本的问题，原则的问题”，“必须明确地彻底地解决它”。在中国，文艺为人民大众服务，“第一是为工人的，这是领导革命的阶级。第二是为农民的，他们是革命中最广大最坚决的同盟军。第三是为武装起来了的工人农民即八路军、新四军和其他人民武装队伍的，这是革命战争的主力。第四是为城市小资产阶级劳动群众和知识分子的，他们也是革命的同盟者，他们是能够长期地和我们合作的。这四种人，就是中华民族的最大部分，就是最广大的人民大众”。

延安时期，涌现出“全心全意为人民服务”的典范——张思德（1915年4月19日—1944年9月5日）。张思德出生在四川省仪陇县一个穷苦农民家庭。1933年12月参加红军，不久加入共青团。1937年10月，加入中国共产党，曾担任中央警备团警备班长和毛泽东的卫士。在一次反六路围攻的战斗中，他右腿先后两次负伤，仍强忍剧痛，冲入敌阵，缴获了敌人两挺机枪。在长征途中，他两度经过人迹罕至的雪山、草地，历尽千辛万苦。1944年9月5日，他带领战士在陕北安塞县执行烧炭任务时，即将挖成的窑洞突然塌方，他奋力把战友推出洞去，自己却被埋在窑洞，壮烈牺牲，年仅29岁。

在张思德的悼念会上，毛泽东做了意义重大、影响深远的题为《为人民服务》的演讲。在这篇演讲中，毛泽东阐明了中国共产党及其领导的人民军队的宗旨，就是全心全意为人民服务，要求全党“因为我们是为人民服务的，所以，我们如果有缺点，就不怕别人批评指出”，“只要我们为人民的利益坚持好的，为人民的利益改正错的，我们这个队伍就一定会兴旺起来”。中国共产党将全心全意为人民服务确立为党的宗旨，既是对中国共产党的政治要求，也是对广大党员道德修养的要求。它要求党的路线、方针、政策和一切活动，都要以实现最广大人民群众的根本利益为出发点和落脚点。

延安时期，党的全心全意为人民服务的宗旨还体现在其民主执政的选举制度上。这种选举制度具有更广泛的民主性，民众可以直接选出从乡到边区的各级参议会议员，各级参议会再选出同级政府。在选举方法上，为适应多数选民文化水平低、不识字的实际情况，陕甘宁边区变通投票法，采用“投豆法”“烧孔法”“投纸团”“画记号”以及“举手法”等。其中投豆选举法是党领导组织的最朴素、最生动、最感人的选举法之一。投豆选举法是在每位候选人的背后放一个碗，选举人往碗里投放黄豆，得豆多者当选。在选举过程中，选民对选什么人非常关心，非常慎重，看他们是否对抗日工作忠诚，是否全心全意为人民服务，是否在生活作风上犯过错误，而且候选人要当众说明自己的政见和施政方针，争取选民对自己的了解，接受选民的审查。在反复热烈讨论后，选民才投上自己庄严的选票。民谣“金豆豆、银豆豆，豆豆不能随便投，选好人，办好事，投在好人碗里头”，真实地反映了群众的心声，表达了自己的意愿，行使了民主的权利。美国记者安娜·路易丝·斯特朗曾发出这样的称赞，千百万中国人民用投豆入碗的办法来进行政治上的选择，这些人如果是在欧美制度下，根本不能参加选举。

延安时期的民主政治建设成绩显著。1940 年，毛泽东非常自豪地历数延安的“十个没有”：一没有贪官污吏，二没有土豪劣绅，三没有赌博，四没有娼妓，五没有小老婆，六没有叫花子，七没有结党营私之徒，八没有萎靡不振之气，九没有人吃摩擦饭，十没有人发国难财。

四、自力更生、艰苦奋斗的创业精神

抗日战争进入相持阶段时，毛泽东即认识到“长期抗战中最困难问题之一，将是财政经济问题”。1940年秋，国民党对抗日根据地实行经济封锁，加上严重的自然灾害，根据地的经济情况愈加困难。面对严峻形势，边区军民自己动手、自力更生、发展生产，终于成功走出困境，这种精神是战胜日本帝国主义、打败蒋介石的重要支柱。

1939年1月，面对在陕甘宁边区蔓延开来的经济困难，毛泽东在边区第一届参议会上提出了“发展生产，自力更生”的号召。边区政府主席林伯渠在向大会做的《政府工作报告》中说：“要支持长期抗战，应付与日俱增的经济困难，同时建立国防经济基础，改善人民生活，以加强抗战力量，扩大生产运动，成为目前重要战斗任务之一。”2月，中共中央在延安召开生产动员大会，毛泽东代表中央坚定地回答：“我们是确信我们能够解决经济困难的，我们对于在这方面的一切问题的回答就是‘自己动手’四个字。”6月，毛泽东在延安高级干部会议上又指出，“吃饭是第一个问题”，要求“自力更生克服困难”。

在大生产运动中，毛泽东、周恩来、任弼时等中央领导同志自己动手开荒种菜，学习纺纱，更加激发了解放区军民生产的热忱。军民们不仅热情高涨地开荒种粮，而且亲自动手纺纱纺线，场面热火朝天。著名散文家吴伯箫的纪实性作品《延安纺车抒怀》，描述的是当年中央机关的干部、战士们在枣园举行纺线比赛的盛大场景。文中描述的情景使我们眼前浮现出一幅生动的画面："那是盛大的节日赛会的场面。只要想想，天地是厂房，深谷是车间，幕天席地，群山环拱，世界上哪个地方哪个纺织厂有那样的规模呢？你看，整齐的纺车行列，精神饱满的竞赛者队伍，一声号令，百车齐鸣。别的不说，只那嗡嗡的响声就有飞机场上机群起飞的气势。"为了使边区大生产运动持续开展并向纵深发展，边区党、政、军在大生产运动中举办了农业展览会、工业展览会，开展了生产竞赛、劳模运动，以及改造"二流子"运动等。通过这些活动，涌现和树立了一批批先进集体与英雄模范人物，不仅推动大生产运动广泛深入发展，而且促进了边区农村其他各项事业的开展，改变了乡村面貌。

南泥湾开荒种粮

坚持正确的政治方向，是自力更生、艰苦奋斗精神区别于传统的艰苦奋斗精神的根本点。1939 年，毛泽东在延安庆祝五一劳动节大会上的讲话中说，中国共产党历来提倡坚定正确的政治方向，这种坚定正确的政治方向，是与艰苦奋斗的工作作风不能脱离的。没有坚定正确的政治方向，就不能激发艰苦奋斗的工作作风；没有艰苦奋斗的工作作风，也就不能执行坚定正确的政治方向。延安精神正是这二者的有机结合。“一切为了前线、一切为了抗战”，为了神圣的民族救亡事业，人们认为吃苦、牺牲是光荣的。

1940年6月，爱国华侨陈嘉庚不顾蒋介石的阻挠，毅然前往延安慰问。毛泽东是如何招待这位远道而来的客人呢？一个旧圆桌面放在方桌之上，由于桌面陈旧不光洁，便用四张白纸遮盖以代替桌巾，一阵风把白纸吹掉，于是干脆弃之不用。吃的是什么呢？豆角、西红柿都是毛泽东在自家小院种的。唯一的荤菜就是一只鸡，毛泽东解释说：“我没有钱买鸡，这只鸡是邻居老大娘知道我有远客，特地送来的。母鸡正下蛋，她儿子生病还舍不得杀呀！”陈嘉庚大受震动，回到南洋后感慨地说，中国的希望在延安，在延安的窑洞里。

中国共产党的历代领导集体都高度重视延安精神在新的历史条件下的传承和弘扬。中华人民共和国成立不久，毛泽东就明确指出，希望“全国一切革命工作人员永远保持过去十余年间在延安和陕甘宁边区的工作人员中所具有的艰苦奋斗的作风”。党的十一届三中全会后，邓小平指出，要实现建设社会主义现代化强国的宏伟目标，“我们一定要宣传、恢复和发扬延安精神，解放初期的精神，以及六十年代初期克服困难的精神”。党的十六大之后，江泽民指出：“无论过去、现在和将来，延安精神都不能丢。全党同志一定要结合新的实际，大力弘扬延安精神，使延安精神成为我们党在新世纪团结和带领人民不断开创有中国特色社会主义事业新局面的强大精神动力，使延安精神永放光芒。”2006年1月，胡锦涛在延安考察工作时指出：“延安精神是我们党的性质和宗旨的集中体现，是我们党的优良传统和作风的集中体现，是中国共产党人崇高品德和伟大情怀的集中体现。革命战争年代需要大力弘扬延安精神，和平建设时期也需要大力弘扬延安精神。在全面建设小康社会的伟大征程中，我们要把延安精神作为凝聚人心、团结奋进的强大动力，作为战胜困难、夺取胜利的重要法宝，让延安精神放射出新的时代光芒。”

习近平总书记强调指出：“要把红色资源利用好、把红色传统发扬好、把红色基因传承好。”今天，中国已经进入决胜全面建成小康社会，开启全面建设社会主义现代化国家新征程。时代不同了，条件变化了，历史任务也相应地发生改变，但延安精神没有过时，而且永远也不会过时。同新的历史任务和时代精神相结合的延安精神，仍然是我们战胜困难、勇往直前，不断从胜利走向新胜利的强大精神动力。借用彭真非常形象的话说：“我们发扬延安精神，是为了解决现在存在的问题。现在的情况和延安时期的情况有很多不同了，要根据现在的‘实事’去求现在的‘是’。”

第七章

西柏坡精神

西柏坡精神是中国共产党肩负着领导全国人民推翻旧中国、建立新中国的双重使命，在推动中国社会由战争走向和平、由革命走向建设的伟大转变过程中形成的，是对井冈山精神、长征精神、延安精神等革命精神的传承和升华，是我们党的宝贵精神财富，具有丰富的内涵。

西柏坡位于河北省平山县中部，是党中央解放全中国的“最后一个农村指挥所”，“新中国从这里走来”，这里浓缩着我党厚重的历史，书写出中国革命辉煌的篇章。1947 年 5 月，刘少奇、朱德率中央工委进驻西柏坡。1948 年 5 月，毛泽东、周恩来、任弼时率领中共中央机关、解放军总部移驻西柏坡，次年 3 月离开这里前往北平。在这里，中共中央领导了全国土地改革，指挥了辽沈战役、淮海战役、平津战役三大战役，召开了著名的七届二中全会，筹备了新中国的诞生，为我们留下了宝贵的西柏坡精神。

西柏坡精神是中国共产党肩负着领导全国人民推翻旧中国、建立新中国的双重使命，在推动中国社会由战争走向和平、由革命走向建设的伟大转变过程中形成的，是对井冈山精神、长征精神、延安精神等革命精神的传承和升华，是我们党的宝贵精神财富，具有丰富的内涵。一般而言，西柏坡精神主要指敢于斗争、敢于胜利，一切为了人民、一切依靠人民，善于破坏旧世界、善于建设新世界，以及务必保持谦虚、谨慎、不骄、不躁的作风和务必保持艰苦奋斗的作风。

一、敢于斗争、敢于胜利

西柏坡时期是中国革命史上极其辉煌灿烂而又惊心动魄的历史时期。中国人民经过长期艰苦卓绝的斗争，已经处于夺取全国胜利的革命高潮中，革命与反革命的斗争比以往更激烈、更残酷，形势瞬息万变。当时，尽管人民解放军不断发展壮大，但同国民党军队相比仍存在较大差距。国民党方面占据明显优势。面对敌强我弱的严峻形势，敢不敢同国民党反动派展开殊死大决战，将革命进行到底，将中国带入和平、民主、统一、富强的历史新时代，成为摆在中国共产党人面前的一项重要历史课题。敢于斗争、敢于胜利，是中国共产党在这一重要历史课题面前，以非凡的胆识和气魄接受挑战，决战决胜的革命进取精神的光辉写照。

敢于斗争、敢于胜利，是中国共产党在解放战争中特别是战略大决战的伟大斗争中所形成的一种宝贵精神。首先，这一精神体现于我们党敢于抓住时机进行战略大决战的决策部署。1948 年秋，人民解放战争进入了夺取全国胜利的决战阶段。此时，敌我力量发生了有利于我方的变化。人民解放军由战争开始时的 120 万人发展到了 280 万人，装备上也有了很大改善，建立了炮兵和工兵部队，提高了攻坚作战的能力；解放区面积和人口分别上升至全国总数的 24.5％和 35.3％，大部分地区完成了土地改革，人民士气高涨。而国民党军队由原来的 430 万人下降为 365 万人，由“全面防御”转入“重点防御”。但国民党在总兵力上仍超过人民解放军，装备整体也比人民解放军好，并且占有全国 3/4 的地区和 2/3 的人口，总的态势上仍是敌强我弱。在这种状况下，敢不敢抓住时机进行决战、歼灭敌人的强大兵团，成为战略决策上的重大问题。1948 年在西柏坡召开的中共中央政治局会议（称九月会议），明确地提出在 5 年左右的时间内（从 1946 年 7 月算起），建设 500 万人民解放军，歼敌正规军 500 个旅，从根本上打倒国民党反动派。会议要求人民解放军要敢于打前所未有的大仗，敢于同敌人的大兵团作战，敢于攻击敌人防守的大城市，夺取全国胜利。

其次，这一精神体现于我党我军敢于打前所未有的大歼灭战。1948 年秋天，随着解放战争的推进，我军已经逐步掌握战场主动权。此时，只有消灭国民党剩下的 5 个集团军，才能取得解放战争的胜利。但是，我们党领导的人民军队还从未打过大歼灭站和阵地战。以毛泽东为首的党中央以高瞻远瞩、胸有成竹的战略眼光和多谋善断的惊人胆略，在及时抓住战略决战的有利时机的同时，又根据当时全国形势，果断地把决战的第一仗放在东北。在辽沈战役中，中共中央要求全体官兵确立打“前所未有的大歼灭战的决心”，实行“封闭蒋军在东北，加以各个歼灭”的战略，先打锦州，关门打狗，最终实现战役的全面胜利。辽沈战役的胜利，极大地鼓舞了其他战场发动大规模的攻城战役的信心。随后，淮海、平津等大战役相继拉开。淮海战役，是一场人民解放军在战役总兵力上劣于国民党军队的情况下展开的大歼灭战，也是歼敌最多的一场战役。人民解放军以前所未有的压倒一切敌人的气势，以 60 万对 80 万，经过 66 天艰苦战斗，歼敌 55.5 万人，使南线国民党军队的精锐主力被消灭，为人民解放军渡江作战创造了极为有利的条件。平津战役采取“围而不打”的办法，使敌军南逃或西窜，歼灭改编国民党军队 52 万余人，和平解放北平，使华北全境基本获得解放。三大战役，短短 4 个多月时间，紧紧衔接，环环相扣，人民解放军充分发扬勇于战斗、不怕牺牲、不怕疲劳和连续作战的作风，敢打敢拼、一往无前，解放区人民以巨大的热情同人民解放军指战员并肩作战，展现了中国和世界战争史上的奇观。这是中国共产党及其领导的人民解放军和广大革命群众那种在战略上藐视敌人、在战术上重视敌人，敢于斗争、敢于胜利的光辉典范。

最后，这一精神体现于我们党敢于将革命进行到底。1948 年底，即将被革命彻底摧垮的蒋介石又一次玩弄起了“和谈”的花招，表示要以“主动下野”的办法来促成与中国共产党的“和谈”，以求得喘息之机。对此，看到问

东北人民解放军在辽沈战役中进攻锦州

题本质的毛泽东进行了无情的揭露和回击，针锋相对地发表了《将革命进行到底》的新年献词，庄严地宣告："已经有了充分经验的中国人民及其总参谋部中国共产党，一定会像粉碎敌人的军事进攻一样，粉碎敌人的政治阴谋，把伟大的人民解放战争进行到底。"为了迅速结束战争，实现真正和平，减少人民的痛苦，中共中央表示愿意和国民党进行和平谈判，提出了和平谈判的八项条件。但是，坚持反共反人民立场的国民党政府对和谈毫无诚意，拒绝接受人民的和平条件，再一次暴露了国民党蒋介石集团的反革命面目。1949年4月21日，毛泽东、朱德发布《向全国进军的命令》，命令人民解放军"奋勇前进，坚决、彻底、干净、全部地歼灭中国境内一切敢于抵抗的国民党反动派，解放全国人民，保卫中国领土及主权的独立与完整"。解放军百万雄师挥师南下，强渡长江，一举摧毁国民党苦心经营三个半月的长江防线，占领南京，宣告了国民党反动派在中国统治的覆灭，而后，进军西南，展开战略追击。

敢于斗争、敢于胜利，是我党我军不畏强敌、敢于拼搏的勇气和信心，实质上是敢于对人民负责，是无产阶级大无畏精神的集中体现。这种精神基因一直流淌在党的血脉之中。多年来，我们党正是因为坚持敢于斗争、敢于胜利的精神，初心不改，矢志不渝，团结带领人民经历千难万险，攻克了一个又一个看似不可攻克的难关，创造了一个又一个彪炳史册的人间奇迹。当前，我们党要团结带领人民有效应对重大挑战、抵御重大风险、克服重大阻力、解决重大矛盾，必须进行具有许多新的历史特点的伟大斗争，必须弘扬敢于斗争、敢于胜利的精神，提高斗争本领，不断夺取伟大斗争新胜利。

二、一切为了人民、一切依靠人民

西柏坡时期是中国共产党与人民群众联系最紧密的时期之一。我们党坚持一切为了人民、一切依靠人民，使广大人民群众紧密团结在党的旗帜下，使解放战争获得源源不断的人力物力财力的支持，从而彻底摧垮了国民党反动派的封建独裁统治，取得新民主主义革命的胜利。一切为了人民、一切依靠人民是西柏坡时期党领导人民完成中国革命伟大转变的根本原因，是党的全心全意为人民服务的宗旨在西柏坡时期的总结和升华，是党的群众路线在西柏坡时期的继续和发展。

一切为了人民、一切依靠人民，最根本的是坚持人民利益至上。西柏坡时期人们利益最现实的问题，是解决占当时中国人口绝大多数的农民的土地问题。这一时期的土地改革，着眼点就是为人民，特别是农民的根本利益。1947年7月至9月，全国土地会议召开。会议颁布的《中国土地法大纲》就充分彰显了人民利益至上的精神。它强调废除封建性及半封建性的土地制度，规定把土地无偿平均分配给无地少地的农民，明确农民大会及其选出的委员会为土改的合法执行机关，体现了鲜明的人民立场。这正如刘少奇在全国土地会议上的结论中所言：“解决土地问题是直接关系到几百万几千万人的问题，就全中国来说，是几万万人的问题。这直接是农民的利益，同时也是全民族的利益，是中国人民最大的最长远的利益，是中国革命的基本任务。”土地改革在满足农民的同时，也赢得了农民对中国共产党的拥护和对中国革命的支持，使亿万农民迸发出难以估量的参军参战热情，为推进战略进攻和夺取全国胜利提供了源源不断的人力物力支持。

中国共产党颁布《中国土地法大纲》

一切为了人民、一切依靠人民，更为重要的是依靠人民。中国新民主主义革命实质上是一场农民革命。中国新民主主义革命要取得成功，就要依靠和发动占全国人口80%以上的农民参加，这是中国革命胜利的一条基本经验。战争的伟力之最深厚的根源，存在于民众之中。三大战役期间，全国支前民工达到880多万人，是人民解放军投入部队总数的4倍多。除东北解放区外，各地几乎没有机械化运输工具，各种物资和伤病员的运输全靠民工以体力或手工工具完成。“前线需要什么，我们就送什么，战争打到哪里，车轮就推到哪里。”这是当时山西的一位老雇农对党领导的革命发自内心的支持。提起淮海战役，陈毅还说过一句话：淮海战役的胜利，是人民群众用小车推出来的。当年解放区广为流传着一首支前歌谣：“最后的一碗饭，送去做军粮；最后的一尺布，送去做军装；最后的老棉被，盖在担架上；最后的亲骨肉，含泪送战场……”得民心者得天下，我们党依靠人民，就能克服困难战胜强敌，就能取得革命事业的胜利。

一切为了人民、一切依靠人民集中体现于党同人民群众的血肉联系。密切联系人民是我们党的优良传统，是我们党区别于其他政党的重要特征。西柏坡时期，我们党始终坚持全心全意为人民服务的宗旨，保持了党同人民群众的血肉联系。在西柏坡纪念馆第一展室里，最引人注目的就是墙上翻身农民给毛主席写的信，那是一封60年前哈尔滨翻身农民写给毛主席的信件，两页信纸被保存得十分完好，信是用毛笔竖写的，小楷字体书写得工整而娟秀：“毛主席呀，没有您，我们真得饿死啦！这回我们都翻身了，分了地，分了马，分了衣服粮食，也都抱团了……眼看冬天到了，您那里很冷吧。给您捎去一件皮大氅、一双靴子、一双毛袜、一顶帽子。这是我们的翻身果实，也是我们的一点点心意，请您收下吧！”信的结尾署名是“哈尔滨市顾乡区靠山屯全体翻身农民”。信中一番质朴的话语流露出东北农民的一片深情，几件衣物代表的是中国农民真挚的心，也充分体现了西柏坡时期我们党同人民群众之间割不断的血肉关系。

人民是历史的创造者，是决定党和国家前途命运的根本力量。党的根基在人民，党的力量在人民。一切为了人民、一切依靠人民的精神是党的全心全意为人民服务宗旨的具体体现，实质就是执行党的群众路线。新形势下，我们党仍迫切需要发扬一切为了人民、一切依靠人民的精神，坚持人民立场，坚持人民主体地位，把人民对美好生活的向往作为奋斗目标，依靠人民创造历史伟业，不断把为人民造福的事业推向前进。

三、善于破坏旧世界、善于建设新世界

1949 年 2 月 8 日，毛泽东以中央军委名义复电第二、第三野战军，提出：军队不但是一个战斗队，而且主要地是一个工作队。军队干部应当全体学会接收城市和管理城市，懂得在城市中善于对付帝国主义和国民党反动派，善于对付资产阶级，善于领导工人和组织工会，善于动员和组织青年，善于团结和训练新区的干部，善于管理工业和商业，善于管理学校、报纸、通讯社和广播电台，善于处理外交事务，善于处理各民主党派、人民团体的问题，善于调剂城市和乡村的关系，解决粮食、煤炭和其他必需品的问题，善于处理金融和财政问题。这 11 个善于强调人民军队要变为工作队，正是我们党"善于破坏旧世界，善于建设新世界"的西柏坡精神在工作重心转移方面的具体化。

西柏坡时期，随着解放战争势如破竹地推进，"打倒蒋介石，解放全中国"，建设一个新世界作为一个现实的问题摆在了党和人民面前。我们党必须善于正确处理新旧社会交替时期的各种矛盾。这就要求我们党一方面要善于打碎旧的国家机器和经济制度，以及旧社会遗留下来的各种腐朽、落后的东西；另一方面又要善于在继承以往社会有益的优秀的发展成果的基础上不断开拓创新，全力推进历史的转折进程。1949 年 3 月 5 日，在西柏坡召开的中共七届二中全会上，毛泽东同志提出："我们不但善于破坏一个旧世界，我们

还将善于建设一个新世界。”毛泽东提出的这“两个善于”，是建立在对新中国建设事业客观冷静的分析之上，对于中国共产党全体党员和新中国每一个建设者，可谓振聋发聩，意味深远。

善于破坏旧世界、善于建设新世界突出体现在我们党接管城市工作方面。城市在政治、经济、文化和军事等方面具有多种功能，尤其在破坏一个旧世界、建设一个新世界的历史转折时期，对于革命政权建设和经济建设具有重大意义。西柏坡时期，伴随着人民解放军对大城市的攻占，接管城市工作成为一个迫切的现实问题。对此，中共中央十分关注，对于城市的攻占和保护、对城市的接管、对于官僚资本的接收等提出一系列政策，发出一系列指示。1948 年 4 月 8 日，毛泽东和中共中央就在攻克洛阳后给洛阳前线指挥部以及各前线和地方的干部的电报中，对城市各项工作的接管做出明确规定，强调“严禁破坏任何公私生产资料和浪费生活资料，禁止大吃大喝，注意节约”，“城市已经属于人民，一切应该以城市由人民自己负责管理的精神为出发点”。该电报还指出，对于城市官僚资本要有明确界限，不要将国民党人经营的工商业都叫官僚资本而加以没收。“一切民族资产阶级经营的企业，严禁侵犯。”沈阳作为东北的工业中心，解放后，以陈云为主任的军管会按照“各按系统，自上而下，原封不动，先接后分”的接收工作方针，采取正确的接管政策和措施，完整地接管了官僚资本企业。沈阳市军管会接管官僚资本工业企业的经验、措施和成就，受到了中共中央的肯定，也为后来全国其他城市的接管提供了宝贵的经验。

善于破坏旧世界、善于建设新世界还体现在我们党对新中国建设蓝图的精心绘制上。西柏坡时期，新中国的航船即将驶达胜利的彼岸。我们党充分发挥善于破坏旧世界、善于建设新世界的精神，科学地创立了人民民主专政的崭新国家制度，探索新中国的经济结构和经济政策，确立民族区域自治政策并制定独立自主的外交政策等一系列制度，为我们即将建立的新中国美好的未来制定了宏图。

当前，中国特色社会主义进入了新时代，我们党担负新的历史使命。与此同时，我国社会主要矛盾的变化对党和国家工作提出了许多新要求。这就要求我们必须弘扬“两个善于”的西柏坡精神，在全党营造善于学习、勇于实践的浓厚氛围，建设马克思主义学习型政党，增强学习本领，不断推进理论创新、实践创新、制度创新、文化创新以及其他各方面的创新，为决胜全面建成小康社会、夺取新时代中国特色社会主义伟大胜利、实现中华民族伟大复兴的中国梦而继续奋斗。

四、务必保持谦虚、谨慎、不骄、不躁的作风和务必保持艰苦奋斗的作风

“两个务必”是毛泽东在新中国成立前夕的中共七届二中全会上提出的，是对中国共产党人长期革命实践的经验总结，它集中回答了共产党人如何正确对待胜利和执政的考验，如何防骄戒奢、居安思危，如何始终保持与人民群众血肉联系的重大问题，是西柏坡精神中最具特色的内涵之一。

三大战役结束后，面对即将胜利的革命形势，我们党敏锐地看到革命胜利以后，因为胜利，党内的骄傲情绪、以功臣自居的情绪、停顿下来不求进步的情绪、贪图享乐不愿再过艰苦生活的情绪可能生长。因此，可能有这样一些共产党人，他们是不曾被拿枪的敌人征服过的，他们在这些敌人面前不愧英雄的称号，但是经不起人们用糖衣炮弹的攻击，他们在糖衣炮弹面前要

位于西柏坡村的中国共产党七届二中全会会址

打败仗，我们必须预防这种情况。正是基于对革命胜利后可能出现的各种复杂情况的科学预见和正确把握，毛泽东在党的七届二中全会上告诫全党：“夺取全国胜利，这只是万里长征走完了第一步……务必使同志们继续地保持谦虚、谨慎、不骄、不躁的作风，务必使同志们继续地保持艰苦奋斗的作风。”在这里，毛泽东以无产阶级政治家所特有的深远目光，把“两个务必”提到了胜利和执政后党风建设的突出地位。

新中国成立后，尤其是近些年来，我们党和政府始终重视继承和弘扬“两个务必”的精神。1991 年 9 月 21 日，中共中央总书记江泽民在西柏坡考察时语重心长地说：“毛主席曾在这里发出号召，进城后要继续不骄不躁、谦虚谨慎，继续艰苦奋斗，不要被糖衣炮弹所打中。现在，西方对我们进行和平演变，我们是要警惕的，但关键是我们自己不要演变自己。我看只要照着毛主席当年说的去做，就会永远立于不败之地，关键在自己!”他还挥笔题下“牢记‘两个务必’，建设有中国特色的社会主义”18个大字。2002年12月，就任中共中央总书记仅20余天的胡锦涛在西柏坡调研时指出：“牢记毛泽东同志当年倡导的‘两个务必’，首先从自身做起，并号召全党同志特别是领导干部大力发扬艰苦奋斗的作风。”他还强调说：“现在，我国已进入全面建设小康社会、加快推进社会主义现代化新的发展阶段。……成绩越大，喝彩声越多，我们越要保持清醒头脑。……我们要走的路还长得很，我们肩负的任务还很艰巨，我们可能遇到的困难和挑战还会很多，我们必须始终谦虚谨慎、艰苦奋斗!”2013年7月11日至12日，中共中央总书记习近平在第四次考察西柏坡时明确指出：“当年党中央离开西柏坡时，毛泽东同志说是‘进京赶考’。60多年过去了，我们取得了巨大进步，中国人民站起来了，富起来了，但我们面临的挑战和问题依然严峻复杂，应该说，党面临的‘赶考’远未结束。”他还说：“毛泽东同志在党的七届二中全会上向全党郑重提出‘两个务必’……包含着对我国几千年历史上治乱规律的深刻借鉴，包含着对我们党艰苦奋斗历程的深刻总结，包含着对胜利了的政党永葆先进性和纯洁性、对即将诞生的人民政权实现长治久安的深刻忧思，也包含着对我们党坚持全心全意为人民服务根本宗旨的深刻认识，思想意义和历史意义十分深远。”

保持“谦虚、谨慎、不骄、不躁的作风”，就要不因胜利而骄傲，不以功臣自居，要继续地虚心学习，尊重群众，联系实际，调查研究，实事求是，科学决策。西柏坡时期，以毛泽东为首的党的领导人虽然身居高位，但总是把自己当作一般党员和普通群众，非常重视并虚心接受下级部属的意见。在淮海战役正式发动前的一个多月中，毛泽东和中央军委同华东、中原两大野战军的指挥员们反复磋商，认真听取他们的意见，及时进行战略调整，做出审慎决策。面对建设新中国后要以生产建设为中心的任务，毛泽东清醒地认识到党内各种人才的欠缺。早在筹备七届二中全会之时，就向党内干部推荐《政治经济学》等 12 本书，为推进党员干部虚心学习做了必要的准备。这些生动地再现了我们党认真践行谦虚、谨慎、不骄、不躁的精神。

保持“艰苦奋斗的作风”，就要不因和平环境而图安逸，不因生活改善而不进取，不因有权而腐化，要继续地为人民服务，做人民的公仆，崇尚节俭，克己奉公。西柏坡时期，中国共产党的各级领导干部非常注重密切联系群众，处处关心群众，做艰苦奋斗的模范。毛泽东住的院子里有房东栽的梨树，他平时要警卫员好好看管，梨子熟了，叫警卫员摘下来送给房东；院子里的磨盘、猪圈、鸡窝，工作人员多次想拆掉，都被他制止，那个磨盘至今还在。当时党中央领导人的居住、办公条件都很简陋。全国土地会议期间，刘少奇就是在从一个老乡家里借来的只有二尺宽、齐膝高的小桌子上起草了《中国土地法大纲》。毛泽东的办公室，除一把靠背椅和一张竹躺椅外，只有四个革套的单人沙发。大部分中央重要机关，都在西柏坡或附近小村庄的普通民房办公。这极大地鼓舞、教育了解放区的广大党员干部，始终与革命群众保持着密切的联系。

坚持“两个务必”必须具有规矩意识。2013 年 7 月 11 日，习近平总书记在西柏坡参观考察时曾说：“这里是立规矩的地方。”西柏坡时期，在中国革命即将夺取全国胜利，在中国共产党面临即将执政的重大历史转折关头，中共中央和毛泽东深知确立规矩的重要性，十分重视制度建设，始终把党的规矩挺在前面。党的七届二中全会根据毛泽东的提议做出了六条规定：“一，不作寿；二，不送礼；三，少敬酒；四，少拍掌；五，不以人名作地名；六，不要把中国同志同马恩列斯平列。”这些规定是我们党防骄防腐的六条。如今，从这六条到今天的“八项规定”“六个禁令”，我们党的规矩意识越来越强，有力地推动了党的作风建设和纪律建设。

当前，我们党面临的执政环境是复杂的，影响党的先进性、弱化党的纯洁性的因素也是复杂的，党内存在的思想不纯、组织不纯、作风不纯等突出问题尚未得到根本解决。我们面临的挑战和问题依然严峻复杂，党面临的“赶考”远未结束。我们必须坚持“两个务必”，坚决纠正各种不正之风，以零容忍态度惩治腐败，不断增强党自我净化、自我完善、自我革命、自我提高的能力，始终保持党同人民群众的血肉联系。

第八章

雷锋精神

在今天这个伟大的时代，我们要继续把雷锋精神广播在祖国大地上，使它能够生根开花，引导人们深入学习雷锋干一行爱一行、专一行精一行的敬业精神，学习雷锋淡泊名利、无私忘我的奉献精神，立足岗位、尽职尽责，把智慧和力量凝聚到实现中华民族伟大复兴的宏伟事业上来，在奋力推进社会主义现代化的进程中建功立业。

在人类历史上，能够得到人们敬仰的人物，常常是那些在自然科学领域取得了伟大成就的科学家，如爱因斯坦、钱学森等；或者是那些在社会科学领域推动整个社会进步的思想家，如马克思、毛泽东。这些人物之所以被纪念和敬仰，都是因为他们为人类社会的发展进步做出了伟大贡献。但是，也有一些人并没有干出过惊天动地的大事业，而是因为他在平凡的一生中做出了不平凡的事迹、彰显了不平凡的精神境界而令人敬仰。雷锋，一个普通的解放军战士，正是这样一个在平凡岗位上做出了不平凡事迹的人，是一个被评为“100位新中国成立以来感动中国人物”的普通人。

雷锋，原名雷正兴，湖南望城县人。1940年12月18日出生，1954年加入中国少年先锋队，1960年参加中国人民解放军，同年11月加入中国共产党。他克己奉公，助人为乐，为集体和人民做了大量的好事，荣立二等功一次、三等功两次。1962年8月15日，雷锋因公殉职，年仅22岁。雷锋成为“乐于助人”崇高品格的化身，“好人好事”的典型代表，民族精神的最好写照。1963年3月，毛泽东亲笔题词：“向雷锋同志学习”。我国把3月5日定为学雷锋纪念

雷 锋

日。2012年3月，中共中央办公厅印发《关于深入开展学雷锋活动的意见》，指出：要大力弘扬雷锋热爱党、热爱祖国、热爱社会主义的崇高理想和坚定信念，弘扬雷锋服务人民、助人为乐的奉献精神，弘扬雷锋干一行爱一行、专一行精一行的敬业精神，弘扬雷锋锐意进取、自强不息的创新精神，弘扬雷锋艰苦奋斗、勤俭节约的创业精神。2014年3月，习近平总书记在十二届全国人大二次会议解放军代表团全体会议上指出："雷锋精神是永恒的，是社会主义核心价值观的生动体现。你们要做雷锋精神的种子，把雷锋精神广播在祖国大地上。"把雷锋精神广播在祖国大地上，是培养担当民族复兴大任时代新人的内在需要。

一、热爱党、热爱祖国、热爱社会主义的崇高理想和坚定信念

一个普通的解放军战士，一段仅有22个春秋的平凡人生，却赢得了亿万人民的敬仰，获得了新中国成立以来历届国家领导人的尊敬，其根本原因就在于，雷锋精神是雷锋的先进事迹和高尚品质的理性升华，它顺应了社会发展的客观趋势，展示了人性最美好的价值追求，具有穿越时空的永恒力量。

1960年12月，雷锋在《前进报》发表署名文章《解放后我有了家，我的母亲就是党》。他在这篇文章中讲道："伟大的党啊！您是我慈祥的母亲，要是没有您，我很难想象自己的一切。今天您需要我，我一定挺身而出，不怕牺牲和一切困难，永远忠于您，忠于人民，继承长辈的革命传统，为建设现代化的强大的国防军，为保卫社会主义建设，保卫世界和平，我要把自己可爱的青春献给祖国最壮丽的事业，做一个真正的共产主义战士。"他在文章中是这样写的，

在实际工作中也是这样做的，把对党和国家的热爱转化为日常的实际行动。

1958年春，雷锋到团山湖农场就职。响应望城县团委提出的捐献一台拖拉机的号召，雷锋捐款20元，成为全县青少年中捐款最多的一个。在今天看来，20元钱是个小数目。但是，在20世纪50年代末60年代初，对于普通人来说，20元钱却是一笔“巨款”。根据当时的市场价格，鸡蛋两三分钱一个，20元钱可买约1 000个鸡蛋；猪肉三四角钱一斤，20元钱可买50斤左右的猪肉；大米两三角一斤，20元钱可买约100斤大米！这些生动的事例充分表明，雷锋热爱社会主义，处处以国家、民族和集体利益为重，把个人的奋斗融入社会主义建设的历史洪流中，毫无保留地为祖国和人民奉献了一切。

1960年8月，雷锋参加上寺水库抢险救灾，带病连续奋战7天7夜，表现突出，团党委为雷锋记二等功一次。他把平时节约下来的100元钱分别支援抚顺市望花区人民公社和辽阳水灾区，受到部队表彰，团党委树立雷锋为“节约标兵”。这些一点一滴的实际行动长期汇集起来，集中体现了雷锋热爱社会主义祖国的崇高理想和坚定信念。

当前，党和国家事业发展站在了新的时代起点上，我们要大力弘扬雷锋精神，引导人们深入学习雷锋热爱党、热爱祖国、热爱社会主义的崇高理想和坚定信念，升华爱国主义情怀，追求高尚的人生价值，自觉为民族振兴、国家富强、人民幸福贡献智慧和力量。

二、服务人民、助人为乐的奉献精神

雷锋之所以得到人们的敬仰，不是因为他是超凡脱俗的圣人、拥有丰功伟绩的伟人，而是因为他是一个过着平凡生活的普通人，是每个普通人都可以学习的标杆，都可以仿效的典型。雷锋精神，因为雷锋的普通，所以与普通劳动者的生活最贴近，具有典型性和普遍性；雷锋精神，因为雷锋的平凡，所以最可敬、最可学、最可行；雷锋精神，集中体现了社会主义核心价值观的本质特征，具有在祖国大地上广泛传播的现实可能性。

雷锋是实践社会主义思想道德的楷模。他走到哪里，好事就做到哪里，用真情和行动履行着一个公民的神圣责任，实践着一名共产党员的庄严承诺。从 1961 年开始，雷锋经常应邀去外地做报告，他出差的机会多了，为人民服务的机会也就多了。人们流传着这样一句话："雷锋出差一千里，好事做了一火车。"有一次，雷锋外出，在沈阳车站换车，出检票口的时候，他发现一群人围着一个背着小孩儿的中年妇女。原来这名妇女从辽宁去吉林看丈夫，一不小心把车票和钱都丢了，雷锋连忙用自己的津贴买了一张去吉林的火车票塞到大嫂手里，大嫂眼含热泪地问："小兄弟，你叫什么名字？住哪儿的？是哪个单位的？"雷锋回答道："我叫解放军，家就在中国。"

还有一次，雷锋从安东（今丹东）回来，要在沈阳转车。他背起背包过地下通道时，看见一位白发苍苍的老大娘拄着棍，背了个大包袱，很吃力地一步步地迈着，雷锋走上前问道："大娘，您到哪儿去？"老人上气不接下气地说："俺从关内来，到抚顺去看儿子！"雷锋一听跟自己同路，立刻把大包袱接过来，用手扶着老人说："走，大娘，我送您到抚顺。"老人感动极了，一口一个好孩子地夸他。进了车厢，他给大娘找了座位，自己就站在旁边，和老人唠开了家常。老人说，她是第一次来，还不知道住在什么地方哩。说着，掏出一封信，雷锋接过一看，上面的地址他也不知道。老大娘急切地问雷锋："孩子，你知道这地方吗？"雷锋虽然不知道地址，但雷锋知道老人找儿子的急切心情，就说："大娘，您放心，我一定帮助您找到他。"雷锋说到做到，到了抚顺，背起老人的包袱，搀扶着老大娘用地图找了两个多小时，才找到老人的儿子。母子一见面，老大娘就对儿子说："多亏了这位解放军，要不然，还找不到你呢！"母子一再感谢雷锋。雷锋却说："谢什么啊，这是我应该做的。"

雷锋就是这样以服务人民为最大幸福，以帮助他人为最大快乐，对待同志像春天般温暖，总是把方便让给别人，把辛苦留给自己。他把有限的生命投入无限的为人民服务中去，每当人民群众遇到困难，他总是伸出援手、倾力相助。大力弘扬雷锋精神，就是要引导人们深入学习雷锋全心全意为人民服务的思想，培育和践行社会主义核心价值观，在生活中热心助人、尊老爱幼、诚实守信、见义勇为，用实际行动促进良好人际关系的形成和良好社会风气的发展。

三、干一行爱一行、专一行精一行的敬业精神

社会在进步，但英雄的形象常存；时代在发展，但精神的力量常在。榜样的力量是无穷的，在雷锋这个好榜样的激励下，半个世纪以来，祖国大地涌现出了大量的雷锋式学校、雷锋式班级、雷锋式班组、雷锋式集体、雷锋式个人、雷锋网站……成为社会主义精神文明建设的一道亮丽风景线。

雷锋哥哥出生后，家人按字辈起名为雷正德，等到雷锋出生后，便取名为雷正兴，有盼望家道能够兴旺的寓意。1957 年 2 月，雷锋入团后不久，就找到了县委书记说自己想把名字改为单字。县委书记沉思了一会儿说：要不叫雷峰吧，峰是山峰的峰，这样的话，一定会激励你奋发图强、勇登高峰的。

雷锋听完之后，便将雷正兴改为雷峰。1960 年 4 月，到沈阳军区工程兵十团运输连的时候，雷锋又将“峰”改为“锋”，表达了他要在工作中打冲锋、当先锋的决心。其实，无论是改名前还是改名后，无论是当一名农业社的记工员，还是作为县乡政府的通信员；无论是当一名工厂的推土机手，还是成为一名解放军战士，他向前冲锋的脚步一刻也没停过。雷锋荣立二等功一次、三等功两次，受团、营嘉奖多次，展示出他高尚的敬业奉献精神。

雷锋就是这样把敬业奉献作为自己的人生信条，自觉服从社会主义建设事业的需要，立足本职、忠于职守，在平凡的岗位上创造了不平凡的业绩。不管在什么岗位，不管从事什么工作，他都以一颗对事业高度负责、对岗位无限热爱的赤子之心，爱岗敬业、勤奋工作，心无旁骛、埋头苦干，出色地完成每一项工作任务。

在今天这个伟大的时代，我们要继续把雷锋精神广播在祖国大地上，使它能够生根开花，引导人们深入学习雷锋干一行爱一行、专一行精一行的敬业精神，学习雷锋淡泊名利、无私忘我的奉献精神，立足岗位、尽职尽责，把智慧和力量凝聚到实现中华民族伟大复兴的宏伟事业上来，在奋力推进社会主义现代化的进程中建功立业。

四、锐意进取、自强不息的创新精神

雷锋把学习作为基本需求，把创新作为重要动力，发扬善于“挤”、善于“钻”的“钉子精神”，勤奋学习科学理论，刻苦钻研业务知识，努力用现代科学文化知识武装自己、提高自己、完善自己。他始终保持乐观向上、斗志昂扬的状态，始终保持与时俱进、勇往直前的品格，敢于直面挑战，勇于克服困难，善于开拓创新，在创造性的劳动中升华人生价值。

在部队上，雷锋是运输连的一名汽车兵。他整天驾驶汽车东奔西跑，很难抽出时间学习。雷锋就把书装在挎包里，随身带着，只要车一停，没有其他工作，就坐在驾驶室里看书。他在日记中写下这样一段话："有些人说工作忙，没时间学习，我认为问题不在工作忙，而在于你愿不愿意学习，会不会挤时间，要学习的时间是有的，问题是我们善不善于挤，愿不愿意钻。一块好好的木板，上面一个眼也没有，但钉子为什么能钉进去呢？这就是靠压力硬挤进去的。由此看来，钉子有两个长处：一个是挤劲，一个是钻劲，我们在学习上也要提倡这种'钉子'精神，善于挤和钻。"

党的十八大以来，习近平总书记反复强调，干事业好比钉钉子。钉钉子往往不是一锤子就能钉好的，而是要一锤一锤接着敲，直到把钉子钉实钉牢，钉牢一颗再钉下一颗，不断钉下去，必然大有成效。如果东一榔头西一棒子，结果很可能是一颗钉子都钉不上、钉不牢。做工作、干事业又何尝不是如此呢？要发扬钉钉子的精神，不折腾、不反复，切实把工作落到实处，做出经得起实践、人民、历史检验的实绩。当前，我们大力弘扬雷锋精神，就是要学习雷锋的"钉子精神"，锐意进取、自强不息，成为社会主义的合格建设者和可靠接班人。

五、艰苦奋斗、勤俭节约的创业精神

雷锋的一生是艰苦奋斗的一生。他在苦难环境中磨炼意志，在艰苦条件下砥砺品行，始终保持昂扬向上、乐观进取的良好精神状态。他勤俭节约、生活朴素，坚决反对贪图享受、铺张浪费，把点点滴滴节省下来的钱用于支援国家建设，用于帮助解决他人困难。

雷锋在缝补衣物

与一些人的被动勤俭不同，雷锋的艰苦朴素、勤俭节约纯粹是自觉自愿，是完全彻底的。无论是在哪个工作岗位上，不管在什么困难环境里，雷锋对于工作总是勇挑重担，精益求精。部队发夏装，每人两套单军装、两件衬衣、两双鞋子，他只领一套。他经常把部队发的衣服、皮鞋、毛巾、袜子，用不完的都存起来，用以支援灾区。与一些勤俭者为了自己而节俭不同，雷锋的艰苦朴素、勤俭节约是为了“让他人更幸福，让国家更富强”。雷锋说：“每一分钱、每一滴油，都是人民的血汗，要像爱护自己的眼睛一样爱护。”雷锋是出了名的“节约标兵”，凡事讲节约，看到浪费一丁点东西都心痛。连队每次吃饭，他都把洒在桌上和地面上的饭粒打扫干净，送到猪食缸里。他一再说：“我们是国家的主人，应该处处为国家着想，事事要精打细算。不能今朝有酒今朝醉，明日愁来明日忧。我们要发奋图强，自力更生，克服当前存在的暂时困难，坚决反对大吃大喝，力戒浪费。”

雷锋更是肯于奉献的“大方”人，他用平日攒下的生活费帮助困难的战友和群众，经常把出差省下的钱和粮票交给组织，把部队发的苹果票、糖票、月票等送给战友。在艰苦朴素、勤俭节约的日子中，雷锋没有感到自卑和痛苦，而是以苦为荣、以苦为乐，处处感到自豪和幸福。他为自己在工作中所取得的成绩而快乐，也为自己在思想境界上的不断攀升而满足。在雷锋的每一首诗歌、每一张照片中，都闪烁着青春和朝气，荡漾着明朗的笑容。

当前，中国特色社会主义进入新时代，但前进道路上还会遇到种种困难和风险。我们要大力弘扬雷锋精神，把雷锋精神内化于心，成为人们的精神追求，外化于行，成为人们的行为指南，引导人们深入学习雷锋艰苦奋斗、勤俭节约的创业精神，立足社会主义初级阶段这个最大的实际，不为任何风险所惧，不被任何干扰所惑，攻坚克难、埋头苦干，奋力开拓中国特色社会主义更为广阔的发展前景。

第九章

红旗渠精神

如今，半个多世纪过去了，红旗渠像一座历史丰碑，铭记着那段艰苦奋斗的岁月；它像一面永恒的旗帜，凝聚起同心筑梦的磅礴力量；它更像一堂永不过时的党课，讲述共产党人如何执政为民。

处于太行山区的河南省林县（今林州市），县域绝大部分地方都干旱缺水，十年九旱，水贵如油。在林县的县志上，从清朝后期到20世纪50年代的大致统计，光“旱”这个字，就有不同的描述：旱、大旱、连旱、凶旱、亢旱……民国初期，林县桑耳庄村300多户人家，常年到4公里外的黄崖泉担水吃。1920年大旱，黄崖泉的泉水小得只有香火头那么粗。大年三十，村民桑林茂老汉起五更爬上黄崖泉，想趁早挑担水回家过年。挑水的人多，一直挨到天黑他才接满一担水回村。新过门的儿媳妇王水娥惦念公爹去担水一天还未回来，就出村去接。天黑路滑，新媳妇又是小脚，接过担子刚走几步，被石头绊倒，一担水洒了个净光。儿媳妇又羞又愧，就在万家团圆的除夕上吊自尽了。大年初一，桑林茂老汉埋葬了新婚儿媳的尸体，带着全家踏上了逃荒路。从此，这一家人再无音信。一担水的倾覆，足以剥夺一个人生命的尊严，足以给一个家庭带来难以承受的灾难。干旱缺水留给林县人的就是这样一幅幅悲惨的历史图景。

20世纪60年代，林县人民为从根本上改变千百年来缺水的天然困境，在中国共产党林县县委的领导下，充分发挥人民群众的创造性，经过10年苦战，在太行山上建成了全长1 500公里的人工天河红旗渠，彻底改变了林县人民的命运，愚公移山神话穿越千年时空定格在了太行山上。在那场气壮山河的伟大实践中，孕育形成了“自力更生，艰苦创业，团结协作，无私奉献”的红旗渠精神。习近平总书记在参加十一届全国人大四次会议河南代表团审议《政府工作报告》时指出："红旗渠精神是我们党的性质和宗旨的集中体现，历久弥新，永远不会过时。"红旗渠精神是社会主义建设时期一个永恒的精神坐标，体现了林县人民图存发展、追梦圆梦的中国故事，其价值、影响和贡献早已远远超越了它所诞生的那个时代，它不仅属于历史，更属于现在和未来。

一、自力更生

水的严重紧缺，直接制约着全县经济的发展，影响人民群众生活的改善。中共林县县委和县人民政府一致认为，必须重点解决好水的问题。1960 年 2 月 10 日，林县县委召开全县广播动员大会，向全县人民发出《引漳入林动员令》。当时正值国家三年困难时期，虽然林县此前也修过一些水库，但在粮食紧张、物资短缺、设备技术条件落后的情况下，建设红旗渠这么大的工程，就显得难上加难。在这样的时代背景下，林县人民面对困难不畏缩，不依赖国家，不向上伸手，不等不靠，走出了一条自力更生、勤俭建渠的发展道路。

1960 年 2 月 6 日，林县县委书记杨贵在他的日记中这样写道："引漳入林工程很大，现在正是困难时期，国家也不投资，如果等到形势好转后再修建，那时会出现什么情况，很难预料。山西方面同意引水这个机会不可失，错过机会，林县人民可能将永远受缺水之苦。现在修建，困难太多了，最基本的办法是自力更生。如何把自力更生具体化？各公社按渠道可灌面积投工，民工实行包工定额，把工分介绍回队参加分配；民工上工地自带镢头、铁锨、抬筐，个人没有的生产队负责自备，吃粮食每人暂定一市斤或一市斤半，民工自带口粮，不足部分由集体储备粮补足，蔬菜由生产队统一送到工地；工具修理由各公社负责，根据人数多少，建立几个工具修理点，各队搜集废钢铁送到工地，供修理点使用；县里还有300多万元资金，负责购买炸药、钢钎、水泥等大件物料，注意节约，反对浪费。组织民工学习毛泽东主席自力更生、艰苦奋斗的有关著作，宣传红军二万五千里长征闹革命、爬雪山过草地、不怕吃苦、战胜困难的革命精神，群众是圣人，只要依靠群众，很多困难都是可以解决的。”

引漳入林工程在轰轰烈烈的气氛中展开，没有工具自己制，没有石灰自己烧，没有抬筐自己编，没有炸药自己造，粮食不够吃就采野菜、下漳河捞水草充饥，摄取最低的热量，释放出改天换地的巨大能量。

工程启动时，全县水利技术人员28人，最高学历为中专。1966年4月，3条干渠完成时，全县已经培育出土工程师27人，技术员560人，石匠3.3万人，铁匠110人，木匠200人，石灰匠700人，土炸药师320人，土水泥师110人，炮手810人，能够领导施工的1 610人。这些技术人员练就了一身修渠本领，成为独当一面的施工能手，自制了各种建筑材料，节省了大量开支。

拿炸药来说，这是放炮开渠的重要材料，施工中用量很大，国家供给的数量却有限，因缺钱没法到外地大量购买，广大群众献计献策说，缺炸药难不住，咱林县山区早有“一硝二磺三木炭”自造炸药的传统技术，抗日战争和解放战争时期就用土炸药做石雷，抗击侵略者。修建红旗渠时，总指挥部从各社队物色制造炸药的能工巧匠，开办了炸药厂，碾炸药造雷管。有的社队把分配给自己的硝酸铵肥料运到工地，试用掺配锯木沫、煤面或牛粪，制造土炸药。通过实践，炸药质量不断提高。继红旗渠自制炸药后，任村公社还开办了炸药厂，除造红旗渠使用外，还销往外地。1960年2月到1966年4月，总干渠和3条干渠共耗用炸药2 740吨，其中自制炸药1 215吨。按当时的价格算，买

1公斤价为1.60元，自制1公斤只需0.45元，每1公斤相差1.15元，用买1公斤炸药的钱可自制3.56公斤炸药。仅自制炸药、雷管一项，从1960年2月总干渠开工，到1966年4月3条干渠竣工，就节约投资款145.8万元。

炸药自己造

修建红旗渠10年间，共烧制石灰14.5万吨；造炸药1 215吨，占总量的44.3%；制水泥5 170吨，占总量的77.1%；编抬筐3万多个；修配、制作水桶18 900多副，各种工具117万件，自带小推车、铁绳、手捶等31万多件。工程总投资7 154.7万元，其中国家补助1 025.98万元，占工程总投资的14.3%，县社队自筹6 128.72万元，占总投资的85.7%。据统计，10年修渠，全县55万人先后有30万人参与其中。

在2013年9月26日开幕的“2013北京国际设计周”上，红旗渠荣获年度最高奖——“经典设计奖”，在此之前，只有天安门观礼台和青藏铁路建设工程获得过该奖项。组委会给出的获奖理由是：由于红旗渠设计依循中国自古以来的水利工程智慧，在太行山腰依山而建、就地取材，并创造性地采用矿渣加石膏粉混合为水泥，以开山炸石的石料筑成渠堤，建成人工天河，体现了中国式设计理念，同时也是一种十分环保的设计方式。这种设计给了当代设计很多启示，寓意着不一定要用豪华的材料，恰恰是依靠因地取材，因地制宜，从而带来更有价值的设计成果。

二、艰苦创业

今天的红旗渠，青年洞已是一道著名景观。人们可以乘船从这座长 616 米、高 5 米的洞中穿过。但在当时，要凿穿这一总干渠中最长的隧洞非常不易。青年洞是红旗渠的咽喉工程，洞口在金鸡岭下狼牙山悬崖绝壁上，狼牙山全部是绛紫色石英砂石，坚硬如钢。1960 年 2 月，由横水公社 320 名青年先行施工，11 月因经济困难，总干渠暂时停工，为早日将浊漳河的水引入林县，建渠干部群众坚持“宁愿苦战，不愿苦熬”，改由各公社挑选 300 名青年组成突击队，继续施工。当时干部民工口粮很少，为了填饱肚子，上山挖野菜，下漳河捞河草充饥，很多人得了浮肿病，仍坚持战斗在工地，以愚公移山的精神，终日挖山不止。坚硬的石英岩一锤打下去一个白点，十数根钢钎打不成一个炮眼，青年们面对这样的艰难困境，创造了连环炮、瓦缸窑炮、三角炮、抬炮、立炮等新的爆破技术，使日进度由起初的 0.3 米提高到 2 米多。经过 1 年零 5 个月的奋战，1961 年 7 月 15 日凿通隧洞。为表彰青年们艰苦奋斗的业绩，将此洞命名为“青年洞”。

在那段艰难岁月中，修渠大军就是在这样艰苦卓绝的条件下，在太行山峦、浊漳河畔，摆开劈山引水“长蛇阵”，以人力所能达到的极致与大自然肉搏。一个个普通的林县百姓，推着小推车，赶着牛车、马车，自带口粮和炊具，浩浩荡荡开往太行绝壁之上。面对着坚硬岩层，头上是巨石嶙峋，身下是万丈深涧，他们悬空除险，大力抡锤，如鹰击长空，如蚁啃大象，靠着原始的锹、镐、镢、铁锤、钢钎一点一点劈开太行。缺少住房，有的住山洞、睡席棚，有的住在山崖下，白天到山上割草，夜里铺在石板上便是床。有的村庄优先照顾妇女，搭起席棚让她们栖身。几个布棚撑起来，就是指挥千军万马的总营帐，三个石头支起来，就是烧锅煮饭的伙房。大伙相互安慰：困难是暂时的，咱不吃点苦把漳河水引回去，难道让子孙后代一直种旱地吃糠咽菜吗？谁愿意叫孩子打光棍娶不上媳妇呢？咱们受点潮挨点冻，为的是日后有水喝，有粮吃，睡个暖和觉。

其间，林县县委还克服各种错误思想干扰，敢于坚持正确的决定。在工程进行之初，就有人提出质疑，后来又受“左倾”错误思想影响以及来自上级的压力，林县县委克服困难，始终坚持正确的修渠道路。

愚公奋起十春秋，引来漳河润田畴。1965 年 4 月 5 日，红旗渠总干渠竣工通水；1966 年 4 月 20 日，3 条干渠通水；1969 年 7 月 6 日，红旗渠工程全面竣工。10 年修渠工程共削平山头 1 250 座，凿通隧道 211 个，架设渡槽 152 个，修建各种建筑物12 408 座，挖砌土石 1 515.82 万立方米，总投工 3 470.2 万个。一渠清凌凌的水使全县从山坡到梯田、从丘陵到盆地，形成了一个水利灌溉网络，14 个公社的 410 个村受益，60 万人口、3.7 万头大牲畜饮用水有了保障，54 万亩耕地得到灌溉。林县人民千年的梦想实现了。

为了最大限度地发挥红旗渠的综合效益，林县人民优化水资源配置，调节枯水期与丰水期用水不均的矛盾，在红旗渠兴建的同时，开始了红旗渠灌区配套工程建设，山、水、田、林、路统一规划、综合治理，支、斗、农渠形成网络，蓄、提、引并举，把 5 万多眼旱井、3 000 多个池塘、500 多座水库、40 多座中小型水电站和 154 个电力提灌站连成一体，构成了以红旗渠为主体的水利、电力、工业、农业、交通、运输等综合发展体系。渠系着库池，库池连着渠，被称为“长藤结瓜”。

20 世纪 70 年代，周恩来总理曾经自豪地告诉国际友人：“新中国有两大奇迹，一个是南京长江大桥，一个是林县红旗渠。”不同的是，南京长江大桥的建设是举全国之力，而“红旗渠是英雄的林县人民用两只手修成的”，并希望外宾到红旗渠参观。自此，林县成为对外开放县。到 1980 年止，到林县参观红旗渠的外宾达 11 300 多人，涉及五大洲 119 个国家和地区。1974 年，中国派以副总理邓小平为团长的代表团参加联合国会议，恢复中国在联合国安理会常任理事国的席位，中央审定带十部电影片子去美国，在联合国放映的第一部就是《红旗渠》纪录片，引起很大震动，外媒评价很高，美联社称：红旗渠的人工修建是毛泽东意志在红色中国的突出体现。

三、团结协作

红旗渠工程规模较大，参加施工人员众多，充分彰显了“坚持一切为了人民、一切依靠人民”的思想。在红旗渠工程施工中，上级党委亲切关怀，全县实行“一盘棋”，全力服务中心，各个地方、各个单位都以大局为重，相互支持，相互配合。全国有关部门及驻军部队给予大力支持，特别是各级水利部门及工程技术人员和友邻省县干部群众全力支援，同心协力，拧成一股绳，前方有求，后方必应，成为红旗渠建设的坚强后盾，鼓励着林县人民将红旗渠建设进行到底。在修建红旗渠过程中，突出表现了依靠人民、齐心合力的团结协作精神。

紧紧依靠人民群众，是共产党人创造奇迹的力量源泉。毛泽东曾经说过："只要我们依靠人民，坚决地相信人民群众的创造力是无穷无尽的，因而信任人民，和人民打成一片，那就任何困难也能克服，任何敌人也不能压倒我们，而只会被我们所压倒。"红旗渠的成功修建与红旗渠精神的孕育是最好的例证。修建红旗渠正值国民经济最困难时期，但具有高度政治自觉的林县人民，在党的领导下，表现出前所未有的主动性和创造性。

一方有难，八方支援。在红旗渠修建过程中，从中央到地方各级党委、政府都给予了大力支持。周恩来、李先念等中央领导，多次询问红旗渠建设情况，给予了及时的指导和帮助。毛泽东曾在印发中共中央的文件中亲自批示，肯定"林县人民战天斗地修建红旗渠的巨大成绩"，极大地鼓舞了林县人民社会主义建设的积极性。

人民群众踊跃参加红旗渠建设

全县各条战线和各行各业争相支援，前后方担子共同挑。前方需要芦席搭席棚，县直机关工作人员就把自己床上铺的席子揭下来送往工地。商业和供销系统派出人员，把民工所需的日用品送往工地，服务民工；工业系统派出人员在工地设立工具修理队、缝纫组；卫生系统派出人员设立战地医院，在工地治疗伤病员；文化系统派出剧团、电影放映队，沿渠线巡回演出、放映，活跃民工文化生活；新华书店把书籍送到工地，为民工提供精神食粮。当时物质条件虽然匮乏，但后方总是千方百计满足前方的需要。山西平顺县为支援林县人修渠，不仅出人出力腾房子，还主动迁移了数百座祖坟，为渠道让路，并签署协议，对占用平顺县境内的土地“确保林县人民永远使用的权利”。可以说，红旗渠的建成，是共产党人依靠人民、团结人民所创造的奇迹，是人民群众智慧力量的结晶。1996 年 6 月 1 日，江泽民视察红旗渠时感慨地说：“红旗渠是一个典范，它体现的自力更生、艰苦创业、团结协作、无私奉献的可贵精神，不仅是林州的、河南的财富，也是我们整个国家和民族的精神财富”，并亲笔题词：发扬自力更生艰苦创业的红旗渠精神。1995 年 4 月 14 日，胡锦涛视察红旗渠时告诫大家：“在改革开放的今天，我们仍要继续弘扬当年的修渠精神，把红旗渠精神代代传下去。”1995 年 10 月 27 日，温家宝视察红旗渠时讲道：“一定要认识到，越是改革开放，越是经济发展，就越要提倡艰苦创业精神，这是我们战胜困难、取得胜利的一大法宝。”

四、无私奉献

“红旗渠、三北防护林等大工程，都是几代人一以贯之而成的。如果有个人的私心杂念，政策朝令夕改，是完成不了的。只有像接力赛一样，一任接着一任干，才能做成大事。”这是习近平总书记在《之江新语》中的一段话。的确，今天的林州人一提起修渠的岁月，最感慨的就是那时的领导干部不计得失、一心为公的无私奉献精神。

在整个修建过程中，林县的各级干部和广大党员始终走在最前面、冲在最险处、干在最难处。攀岩爆破、悬空排险，都是党员干部带头上。在整个修渠中牺牲的81名烈士，大都是共产党员和共青团员。工地上明文规定：干部和民工一样，不能开小灶，不能搞特殊化，吃饭、住宿、干活、学习、商量施工方案都在一起，干部也要抡大锤、凿石头，也有定量，当天完不成，第二天必须补上。不一样的是，干部的伙食补助要低于民工。寒冬腊月，党员干部把房子让给民工住，自己住山洞；夜宿崖壁，为保证群众的安全，党员干部把绳子系在腰上，睡在最外边；工地缺睡席，全县所有党员干部都把自家的席子捐了出来；粮食紧缺，党员干部主动把每天的配给粮减3两，让给群众吃，有的县委领导就曾饿晕在工地上。岂曰无碑，山河为碑；何用留名，人心即名。修渠的群众流传这样一句话：“干部能搬石头，群众就能搬山头；干部能流一滴汗，群众的汗水流成河。”

凌空除险

工地上，每一斤炸药、每一斤粮食、每一根钢钎都要入账。谁来领，谁签字。领炸药，根据所要炸的石头的硬度，数量精确到两，谁领谁负责。领粮食，严格按照定量，每天多少人吃饭、有无伤员，需要多少粮食，什么粮食，一笔笔账，都要记下来……红旗渠工程修了将近 10 年，投资 6 000 多万元，从来没发生一起贪污、腐败、挪用修渠物资、公款请客送礼的事情，没有一个干部失职渎职。

回忆起那段难忘的岁月，当年林县县委书记杨贵说："当时我们要是稍稍有点私心杂念，红旗渠绝对修不成。太平官好当啊。但是当时大家没有一点想靠这个当官的意思。群众最急切要解决的问题是什么，是缺水，那就修渠"，"县委一班人是铁了心的。只要是大家认准的道儿，就手挽手、肩并肩地走到底，有福同享，有难同当，坚持真理，修正错误，全心全意为人民服务，起到了县委所应起到的领导核心作用"。正如习近平总书记 2018 年"两会"期间参加广东、山东代表团审议时讲的："共产党就是为人民谋幸福的，人民群众什么方面感觉不幸福、不快乐、不满意，我们就在哪方面下功夫，千方百计为群众排忧解难"，"既要做让老百姓看得见、摸得着、得实惠的实事，也要做为后人作铺垫、打基础、利长远的好事，既要做显功，也要做潜功，不计较个人功名，追求人民群众的好口碑、历史沉淀之后真正的评价"。修建红旗渠，无数党员干部以身作则、甘于牺牲，用实际行动让人民群众打心眼里认定"共产党就是咱领路人"。

其间，先后涌现出许多不怕流血牺牲的可歌可泣的英雄人物。女共产党员李改云发现崖壁有碎石滚落，奋不顾身推开别人，自己左腿被砸成粉碎性骨折，终身残疾。除险队长任羊成，每天腰系大绳，飞崖除险，用钩子把松动的险石除掉，为崖下修渠民工安全开路，头上是不断下落的碎石，脚下是万丈深渊。一次，一块石头落下砸掉三颗牙齿，鲜血直流，他也不下火线。副县长马有金在水利工地任指挥时间较长，不叫苦不喊累，任劳任怨，因工作忙，"三过家门而不入"，直到母亲病故，才请示县委回家送葬。还有凿洞能手王师存、山区建设的坚强战士吴祖太等模范人物。此外，还评出 98 个标兵连、133 个“董存瑞标兵班”、117 个“李改云突击队”、2 472 名模范人物，成为劈山建渠的骨干力量。正是因为有了这样一批冲锋在前、享乐在后，一心为公、无私奉献的英雄起了先锋模范带头作用，才使红旗渠建设攻无不克、战无不胜。

“渠道网山头，清水遍地流；旱地稻花香，荒山果树沟；库塘鱼儿跳，往来驾小舟……”这是 1960 年 2 月 10 日的《引漳入林动员令》中为林县人民描绘的一幅工程完工后诗情画意般的美景，通过林县人民勤劳的双手变成了现实。正如习近平总书记所说：幸福都是奋斗出来的。如今，半个多世纪过去了，红旗渠像一座历史丰碑，铭记着那段艰苦奋斗的岁月；它像一面永恒的旗帜，凝聚起同心筑梦的磅礴力量；它更像一堂永不过时的党课，讲述共产党人如何执政为民。在新的历史阶段，回望红旗渠，感悟红旗渠，就是要从中汲取实现中华民族伟大复兴中国梦所不可或缺的精神力量，坚定理想信念，坚持同人民在一起，发扬钉钉子的精神，以时不我待的使命意识、勇于担当的责任意识、舍我其谁的奉献意识、敢为人先的创新意识，在推进新时代中国特色社会主义伟大实践中不忘初心、砥砺前行。

第十章

大庆精神

在石油大会战的艰苦环境中孕育、形成的大庆精神，是民族精神和时代精神的重要组成部分，是社会主义核心价值观在大庆的具体表达，培养出了一批又一批铁人式的过硬队伍，直接推动了石油会战的成功，推动了大庆油田的稳产高产以及大庆城市的可持续发展。

习近平总书记参加十二届全国人大四次会议黑龙江代表团审议，听取大庆油田代表发言后指出："大庆就是全国的标杆和旗帜，大庆精神激励着工业战线广大干部群众奋发有为。"习近平总书记对大庆精神的肯定，为大庆精神的存在意义注入了定力与信心。大庆精神是学习和运用毛泽东思想，继承和发扬中国共产党、中国工人阶级和中国人民解放军的优良传统，振兴民族精神，开发和建设大油田的产物，是"铁人"王进喜等一大批企业英雄人物的理想、信念、情感和意志在广大职工中扩展而形成的群体意识，伴随着大庆油田的开发建设而不断丰富完善。

1981 年 12 月，中共中央在转发国家经委党组《关于工业学大庆问题的报告》中，第一次将大庆精神概括为发奋图强，自力更生，以实际行动为中国人民争气的爱国主义精神和民族自豪感；无所畏惧，勇挑重担，靠自己的双手创业的革命精神；一丝不苟，认真负责，讲究科学，"三老四严"，踏踏实实做好本职工作的求实精神；胸怀全局，忘我劳动，为国家分担困难，不计较个人得失的献身精神。1990 年初，江泽民同志视察大庆，再次对大庆精神进行科学的概括，将大庆精神概括为"爱国、创业、求实、奉献"，具体解释为"为国争光、为民族争气的爱国主义精神，独立自主、自力更生的艰苦创业精神，讲究科学，'三老四严'的求实精神，胸怀全局、为国分忧的奉献精神"。

一、爱国主义精神

爱国主义精神是大庆精神的核心，具体体现为广大干部职工在重重困难面前，依然坚定为国家争光、为民族争气的理想信念。石油会战中，他们喊出了“三要十不”的口号，要甩掉我国石油工业落后的帽子，要高速度、高水平地拿下油田，要赶超世界先进水平，不怕苦，不怕死，不为名，不为利，不讲工作条件好坏，不讲工作时间长短，不讲报酬多少，不分职务高低，不分分内分外，不分前线后方。“三要十不”精神，体现了参加会战的广大干部职工的豪情壮志和爱国情怀，一直激励着石油会战职工奋发向上，锐意进取，不甘落后。

大庆油田的勘探开发，甩掉了我国“贫油国”的帽子

新中国成立后，我国处于帝国主义的封锁包围之中，为了阻挠中国的发展和进步，它们一再威胁着中国的主权和安全。面对严峻的国际形势，中国人民意识到要加紧自己的建设和发展，要与帝国主义争时间、抢速度，像我们这样一个弱势的贫穷的国家，只有具备强大的实力，才能更好地保护自己。于是，在西方的经济封锁之下，中国走上了独立自主、自力更生的发展道路。尤其在能源开发方面，面对国际上大肆宣传的“中国贫油论”，1960 年，一场史无前例的石油大会战在松辽平原正式打响。石油会战中，有“永不卷刃的尖刀”之称的 1202 钻井队和“钢铁钻井队”之称的 1205 钻井队，立志要多打井、快打井、打好井，赶超世界先进水平。从 1961 年 3 月 8 日开始，这两个队就拉开了“超功勋”的序幕。到这年 11 月，1202 队以 9 个半月的时间钻井 31 746 米，超过了苏联的格林尼亚功勋队的纪录，一举夺得当时的快速打井世界冠军。以此为起点，1202 队和 1205 队后来双双创造了年创 5 万米、7 万米的世界纪录。1966 年，铁人王进喜和 1202 队队长屈清华到北京报喜时，得知美国一个王牌钻井队年最高进尺达到 90 325 米，他们立志“年上 10 万米，为国再争光”。当年 12 月底，随着第 82 口井开钻，两个队就要登上年上 10 万米的世界钻井高峰。可当 1202 队这口井钻到 900 多米的时候，井口管突然破裂了，泥浆流了满井场。“泥浆是钻井的血液”，眼看血液就要流光了，这井还能打吗？难道年上 10 万米的目标就要功亏一篑了吗？就在这危急时刻，几名工人手脚并用，清理泥浆沟里的沉沙，把泥浆引流回泥浆地，一直干了 4 个多小时。当带着 10 万米标志的钻井成功进入地下的时候，1202 钻井队的英雄们仅用 11 个月零 4 天，打井 82 口，进尺100 101 米，与 1205 钻井队同时登上年钻井进尺 10 万米的世界高峰，真正地为国争了光，为民族争了气。

石油会战时期，正值我国内忧外患的艰难时期，国内经济发生严重困难，国外面临着帝国主义封锁和苏联的背信弃义。因此，中国石油勘探开发和国外最大的区别，就是中国的石油人怀着祖国尊严高于一切的伟大的爱国主义动机。我国的石油勘探事业在最初就是以甩掉“贫油国”的帽子、为祖国争气为先导的，大庆油田在那样恶劣的条件下得以开发成功，正是由于中国石油人这种祖国尊严高于一切，为祖国贡献一切的伟大的爱国主义精神，抛掉个人利益，义无反顾地投入石油大会战。他们没有汽车，就骑着骆驼；没有导航仪，就手拿罗盘；没有钻井机，就靠土法顿钻；没有发掘机，就靠人工挖坑道。新时期，大庆精神中的爱国精神已不再仅仅是“甩掉贫油国的帽子”，也有着更为深刻和符合时代特征的内涵。正如大庆油田有限责任公司提出的那样，维护国家石油战略安全，促进国民经济全面、协调和可持续发展是爱国精神的表现；保护石油资源，发展替代产业，实现可持续发展，对员工负责，对铁人后代负责，为企业长远发展负责，同样也是爱国主义的鲜明体现。

二、艰苦创业精神

周恩来曾说：“毛主席在井冈山时就讲自力更生，1962 年我去大庆，那真称得起是‘艰苦奋斗，自力更生’。一穷二白的石油会战，靠的就是这艰苦奋斗、自力更生，战胜了一个又一个困难，获取了一个又一个胜利。”石油会战时期，大庆从国民经济建设的大局出发，没有把眼睛盯在向上级要“自主权”，也没有坐等国家给解决所面临的新困难，而是靠着自力更生、艰苦创业的精神，在一片荒原上白手起家，建成了大油田。在条件变化了的情况下，仍然自觉加压、奋进不止，立足挖掘内部潜力，不断发展自己。

“五把铁锹闹革命”是独立自主、自力更生的创业精神的生动体现。大庆石油会战中，三年严重困难迫使许多灾区和贫困地区的职工家属扶老携幼来大庆，投奔亲人，更增加了粮食和住房的困难。会战领导小组一致认为，家属问题不解决，会战队伍很难稳定，很难完成会战任务，于是决定组织家属参加生产劳动。1962 年春天，大庆油田的第一个家属生产队诞生了。当时，很多家属都报了名，最后确定薛桂芳、吕玉莲、王秀敏、杨学春、丛桂兰 5 人第一批去“八一新村”开荒种地。这年 4 月份的一天，薛桂芳等 5 人背着行李、粮食，领着一个不满 4 岁的孩子，扛着铁锹出发了。由于茫茫草原草深无路，她们深一脚浅一脚，一步一步地向前挪，走了大半天，才到达“八一新村”。当时钻井队留下的一栋只有四根柱子、没有房盖、四面没有墙的破房子就是她们的家。看到这情景，5 个人二话没说，就开始盖房，没有房盖，她们就从附近的副业队借来一块帆布，把房顶和四周都盖上；没有床，就到很远的地方抱些干草来铺在地上，搭起了地铺。晚上，经过一天的劳累，几个人又困又乏，但又不敢睡觉，因为那时荒原上经常有野狼出没。为了能让大家睡个好觉，薛桂芳便把 4 把铁锹插在门口，一把铁锹枕在头下，说：“你们就放心睡吧，我给你们放哨。”第二天，她们就领着孩子下地了。4 月份的早晨，天气很冷，土地还没有完全化冻，草根又深，挖起来十分吃力。她们一锹一锹地挖，从早到晚苦干 11 个多小时，才挖了 1 亩地。就这样，她们边学边干，而且越干越熟练。几天时间，她们就种了 16 亩地，到秋天，收获 1 750 公斤粮食。后来，这里成为家属开荒种地的基地，取名“创业庄”。“五把铁锹闹革命”与“缝补厂”精神、“人拉肩扛、干打垒、回收队、修旧利废”精神形成了艰苦创业的“六个传家宝”，使石油会战大军克服了许许多多意想不到的困难，赢得了大庆石油会战的胜利。

大庆人的革命加拼命精神，艰苦创业的“六个传家宝”，不怕死、不怕任务重的几不怕精神等都体现了石油会战时期的创业精神。以铁人王进喜为代表的会战职工，喊出了“大雪当炒面，北风当电扇，为了大会战，干、干、干”的豪言壮语。在大庆油田艰难的创业初期，大批职工家属及其子女迁来油田，没有房子就造干打垒，没有粮食就开荒种地，开发了一个个农业点，建起了学校、商店，兴办了各种有益油田发展的事业。不论遇到什么困难，职工家属都没有任何怨言，他们默默奋斗，以创业为荣。他们在为祖国献石油的同时，创建了足以令自己欣慰和自豪的美好家园。他们不向国家提出要求，也不向国家要条件，完全靠自己的双手来创造。新时期的创业精神具有新的内涵，不仅仅体现在石油企业自身，更体现在以石油为主的资源型城市，不断赋予大庆精神符合时代特征的新内涵，使大庆精神不断与时俱进。

知识链接

铁人精神

“铁人”是20世纪五六十年代社会送给石油工人王进喜的雅号，而铁人精神是对王进喜崇高思想、优秀品德的高度概括，也集中体现出我国石油工人的精神风貌。铁人精神内涵丰富，主要包括：“为国分忧、为民族争气”的爱国主义精神，“宁可少活20年，拼命也要拿下大油田”的忘我拼搏精神，“有条件要上，没有条件创造条件也要上”的艰苦奋斗精神，“干工作要经得起子孙万代检查”“为革命练一身硬功夫、真本事”的科学求实精神，“甘愿为党和人民当一辈子老黄牛”的埋头苦干的奉献精神等。铁人精神无论在过去、现在还是将来都有着不朽的价值和永恒的生命力。

三、求实精神

大庆人常说："讲干劲要猛如虎，讲细劲要细如绣花。"这里的"细"就是指求实精神，充分体现了石油工人高度的革命自觉和严谨认真的工作态度。石油工人的工作对象在地下，整个石油开采系统是一个看不见、摸不着的隐蔽工程。如何保证油井准确打入有开采价值的油层？开采过程中，怎样随时掌握油层的变化以改进完善工艺、保持高产？怎样根据不同的油层层性采取相应的配套技术？所有这些问题的解决，都需要以严谨的科学态度、实事求是的实干精神来解决。

"万里测温"是讲求科学、严谨认真的求实精神的有力体现。大庆原油的含蜡量高、凝固点高、黏度高，在28℃以下就流不动。大庆油田又地处高寒地区，更增加了原油的运输难度，要把原油运出去就得在油库给原油加温。为了弄清大庆原油在长途运输过程中油温和沿途风速、气温的变化，给原油加温提供更科学的设计数据，设计院把随油罐车测温的任务交给了助理技术员蔡升和实习员张孔法。两个人接到任务后，正好赶上大冷天就出发了。就这样，他们怀抱温度计，身揣窝窝头，在没有任何保温措施的油罐车内开始了艰苦的测温工作。每隔一小时，他们就轮流探出身去，把风速仪和温度仪伸向外面测量一次风速和气温。每到列车停车，他们又拿起温度计爬到油罐车顶上测油温。车顶上毫无遮挡，风雪又大，每测一次都冻得浑身麻木。但他们从不马虎，每次都坚持二三十分钟，把数据测准。他们就这样从大连到大庆往返了5次，行程达1万多公里，共测大气温度800多次、风速600多次，取得油温变化数据 1 400 多个，掌握了油温变化的规律，获得了科学的设计依据，为国家节省了大量的资金和钢材。正是有着像他们这样的千千万万的石油人，把严谨的科学态度和高度自觉的革命精神相结合，形成了石油人的倔强性格，会战队伍才能独创“糖葫芦封隔器”“六分四清”等一系列自主创新的采油工程、油田开发工艺，才能闯出一条自主开发建设大油田的道路。

石油会战时期的求实精神主要表现为“三老四严”。“三老四严”的提法，最早出现于 1962 年，到 1963 年就形成了完整的表述。“三老四严”的作风与精神，就是指对待革命事业，要当老实人、说老实话、办老实事；对待工作，要有严格的要求、严密的组织、严肃的态度、严明的纪律。这一作风是大庆石油工人高度的主人翁责任感和科学求实精神的具体体现，是大庆油田企业文化融会中华民族优秀文化传统最基本、最典型、最生动的概括和总结。“三老四严”作为中华民族的优良传统，现在不会过时，将来也不会过时。当年的铁人求实精神体现为拼命拿下大油田，艰苦奋斗，埋头苦干。新的时期，我们要立足国家、企业和市场的需要，要坚持求真务实，进一步增强核心竞争能力，为企业长远发展奠定基础。

四、奉献精神

“宁可少活 20 年，拼命也要拿下大油田”精神，体现了以王进喜为代表的大庆石油职工一不怕苦、二不怕死的奉献意识。为了早日拿下大油田，大庆会战职工把个人的生活目的和奋斗目标同国家和民族的利益紧密地联系在一起。面对严峻的国际环境和国内经济形势，在艰苦的创业年代，他们凭着

石油工人生产劳动

胸怀全局、为国分忧的奉献精神，与祖国同呼吸、共命运。有的人把生命献给了油田，鞠躬尽瘁；有的人为了拿下大油田，拼命大干，积劳成疾；有的人放弃了天伦之乐，远离妻儿老小，舍已奉公，他们用实际行动践行着胸怀全局、为国分忧的奉献精神。

大庆石油会战，是在困难的时期、困难的地方、困难的条件下进行的。面对重重困难，是等条件具备了再上，还是创造条件上？石油工人从《实践论》和《矛盾论》的光辉著作中，看透了困难，找到了答案，大家一致认为，困难都是暂时的、局部的，如果退下来，国家和人民的困难就更大。他们喊出了“有条件要上，没有条件创造条件也要上”的豪迈誓言。那时候，生产运输工作相当困难，急需大型卡车和工程车辆几千台、起重机几十台。可是现场只有大型卡车几百台，吊车十来台，怎么办？靠几万人的革命干劲，采取人拉肩扛加滚杆的办法，硬是把几万吨的设备、器材和五六十吨的大钻机，从火车上卸下来，然后一点一点地拖到几公里以外的井场安装起来。钻机需要水，运水的车辆少，水供应不上，王进喜同志就带领职工用水桶、脸盆从几百米以外的水泡子打水，一盆一盆地端了几十吨水，保证了钻井的需要。1960 年，刚进 10 月，天就开始降雪。为了确保冬季生产和会战职工过冬，从机关到基层，每天出动上万人挖沟覆土，把新铺设的输油供水管线深埋地下，技术人员和工人还创造了“长烟道”“热风吹”等多种多样的保温措施，解决了油井和油气集输管线的保温问题。就是这样，在各种物质条件、生活设施条件都不具备的情况下，石油工人们充分发挥主人翁责任感和内在积极性，胸怀全局、为国分忧，不计个人得失，创造了必要条件，把会战打了上去，把油田拿了下来。石油会战职工把“有条件要上，没有条件创造条件也要上”的口号，写进了自己的队史、厂史，激励着一代代新老石油职工为建设大庆、发展大庆做出新的贡献。

在石油大会战的艰苦环境中孕育、形成的大庆精神，是民族精神和时代精神的重要组成部分，是社会主义核心价值观在大庆的具体表达，培养出了一批又一批铁人式的过硬队伍，直接推动了石油会战的成功，推动了大庆油田的稳产高产以及大庆城市的可持续发展。作为石油人特殊又稳定的职业素质，这种精神已经融入石油人的血液中，成为石油人不断创新、不断进步的动力与源泉。新时期铁人王启民作为石油人的榜样，扎根大庆油田，几十年如一日，把所有时间和心思都花在了油田勘探开发的科研实践中，他先后主导的“高效注水开采方法”、“分层开采、接替稳产”开发试验和“表外储层”开发研究等均获得成功，不仅为大庆油田高产稳产做出了巨大贡献，也让中国石油开发走出了一条特色之路。当前，中国特色社会主义进入新时代，是传承与弘扬大庆精神的新的逻辑起点，也对大庆精神提出了新的要求。新时代下弘扬大庆精神，要结合时代条件和实践要求，紧跟马克思主义中国化理论创新的步伐，深刻表达和反映马克思主义中国化的最新成果，以习近平新时代中国特色社会主义思想为理论指导提升和丰富自己的内涵，使之更深入、更持久地发挥内在价值，更好地服务于经济、政治、文化、社会等诸领域的建设。

第十一章

焦裕禄精神

焦裕禄同志是人民的好公仆，是县委书记的榜样，也是全党的榜样。亲民爱民、艰苦奋斗、科学求实、迎难而上、无私奉献的焦裕禄精神，过去是、现在是、将来仍然是我们党的宝贵精神财富，永远不会过时。生命有限，很多英雄模范人物崇高精神的形成过程也是有限的，但形成了一种宝贵精神财富，是一个永恒的定格。焦裕禄精神，同井冈山精神、延安精神、雷锋精神、红旗渠精神等都是共存的。任何一个民族都需要有这样的精神构成其强大精神力量，这样的精神无论时代发展到哪一步都不会过时。

焦裕禄同志是人民的公仆，是县委书记的榜样，也是全党的榜样。1966年2月7日，由穆青、冯健、周原撰写的长篇通讯《县委书记的榜样——焦裕禄》在《人民日报》发表以后，迅速在中华大地掀起了向焦裕禄同志学习的热潮。正如习近平总书记所描述的那样："我们这一代人是深受焦裕禄同志的事迹教育成长起来的，焦裕禄同志的形象一直在我心中。"

2014年3月18日，习近平总书记在河南省兰考县委常委扩大会议上的讲话中指出："焦裕禄同志是人民的好公仆，是县委书记的榜样，也是全党的榜样。亲民爱民、艰苦奋斗、科学求实、迎难而上、无私奉献的焦裕禄精神，过去是、现在是、将来仍然是我们党的宝贵精神财富，永远不会过时。生命有限，很多英雄模范人物崇高精神的形成过程也是有限的，但形成了一种宝贵精神财富，是一个永恒的定格。焦裕禄精神，同井冈山精神、延安精神、雷锋精神、红旗渠精神等都是共存的。任何一个民族都需要有这样的精神构成其强大精神力量，这样的精神无论时代发展到哪一步都不会过时。"

一、亲民爱民的公仆情怀

焦裕禄，山东省淄博市北崮山村人，1922年8月16日出生在一个贫农家庭里。抗日战争初期，焦裕禄曾多次被日寇抓去毒打、坐牢，后又被押送到抚顺煤矿当苦工。1945 年抗战胜利后，焦裕禄主动要求当了民兵，参加过解放博山县城的战斗。解放战争后期，焦裕禄随军离开山东，到了河南，被分配到尉氏县工作，后又被调到青年团陈留地委工作和青年团郑州地委工作。1953 年 6 月，焦裕禄响应党的号召，到洛阳矿山机器厂参加工业建设，担任车间主任、科长，直到 1962 年。1962 年 6 月，为加强农村工作，焦裕禄被调回尉氏县，任县委书记处书记。同年 12 月，被调到兰考县，任县委第二书记、书记。1964 年 5 月 14 日，不幸逝世，时年 42 岁。

焦裕禄在兰考任职只有 470 多天，但在他去世 50 多年后，老百姓仍然怀念他，这足以证明：只有把人民放在心上，人民才会把我们放在心上；只有把群众当亲人，群众才会把我们当亲人。这种“心中装着全体人民，唯独没有他自己”的公仆情怀，源自他对马克思主义的信仰，对社会主义和共产主义的信念，对于党的宗旨的执着。

1963 年前，“焦桐”所在的兰考县朱庄村，还是个风沙口，每当刮风，扬沙四起，两米外的人和物都模糊不清。朱庄村村民魏善民当时刚 20 岁出头，回忆起当时的情景，深有感触地说：“那会儿都穷，因为风沙大，没有姑娘愿意嫁过来。”1963 年 3 月，新来的县委书记焦裕禄把朱庄村列为发展泡桐治理风沙的重点大队之一，并亲自带领村民在沙土地上开始翻淤压沙“贴膏药”，种植泡桐树。

时任县委办公室宣传干事的刘俊生回忆，焦裕禄在兰考县任县委书记期间，工作了 475 天，只留下 4 张照片。每次下乡，焦裕禄总是让刘俊生带上相机，可到了工作地点，他却又不让刘俊生把镜头对准他。刘俊生不解地问：“焦书记，每次跟你下乡，你都告诉我带上照相机，为什么不让我给你照相呢?”焦裕禄说：“下乡让你带着照相机，是让你多给群众拍些镜头，对他们是鼓舞，又很有意义！”刘俊生说：“要是把你和群众在一起劳动的镜头拍下来，群众一定会说，咱和县委书记一起照了相！这不是对他们更大的鼓舞吗?!”焦书记听后，笑笑说：“你找理由想给我照相，那么，今天就照一张吧。我爱泡桐，就在泡桐树旁给我们照个相吧。”

站在泡桐树旁的焦裕禄

1964 年 1 月 26 日，焦裕禄在开封地委参加会议，肝病突然加重，疼得满头汗珠。地委领导命令他立即住院治疗，他说：“年初要安排一年的工作，现在不能住院。”一位有名的中医为他开了个好药方，他一看每服药要花 30 元钱，嫌太贵没买。县委的同志背着他取了 3 服，竟挨了他的批评：“兰考是个灾区，群众的生活很苦，吃这么贵重的药，谁咽得下去?”他执意不再买第 4 服药。

焦裕禄在重病期间，还念念不忘人民群众，念念不忘党的工作，带领全县人民战天斗地，奋力改变兰考贫困面貌。直到生命的最后一刻，他挂念的仍然是兰考的“三害”，要求组织上在他死后把他的遗体运回兰考，“看着兰考人民把沙丘治好”。他临终前想的仍然是人民群众的幸福安康，真正做到了鞠躬尽瘁，死而后已，充分体现了共产党人的崇高风范。

习近平总书记指出：“领导干部要深刻认识新形势下群众工作的重要性和紧迫性，坚持马克思主义群众观点和党的群众路线，以高度的政治责任感扎实做好联系群众、宣传群众、组织群众、服务群众、团结群众的工作，不断提高群众工作水平。”面对广大人民群众过上更加美好生活的新期待，决不能有丝毫的自满和懈怠，必须以更大的勇气、魄力和智慧锐意推进各项改革发展任务，使改革发展的成果能更多地惠及最广大人民群众。我们要学习弘扬焦裕禄同志的公仆情怀，不断增进与人民群众的感情，对照焦裕禄精神这面镜子，努力解决好对人民群众的感情这一执政为民的首要关键问题，始终怀着深厚的爱民之情去对待群众、服务群众、惠及群众，始终保持与人民群众的血肉联系。

二、艰苦奋斗的精神风貌

焦裕禄精神形成于三年严重困难之后。“吃也愁，穿也愁，住也愁，烧也愁；出门愁，进门愁；前也愁，后也愁；白天愁，夜间愁……愁来愁去没个头”，是当时兰考县社会生活的真实写照。焦裕禄同志和兰考县党员群众依靠“艰苦奋斗，自力更生”的精神，战胜了严重困难，历史上缺粮、常吃救济粮的老灾县，粮食达到了自给，还卖给国家800多万斤花生、几十万斤皮棉。

在离开兰考前的几个月，为了能够坚持工作，焦裕禄时常忍受着疾病的折磨。即便这样他也不舍得在办公室购置几件舒服的椅子、桌子和其他办公用具。他经常把右脚踩在椅子上，用膝盖顶住肝部。他棉衣上的第二、第三个扣子总是不扣，时常用手压住肝部。在办公室里，钢笔、铅笔、茶杯、茶缸盖都成了他压迫止疼的工具。天长日久，他的藤椅上竟被顶出了个大窟窿。

焦裕禄做人为官不但严格要求自己，还常常严格教育家人和孩子，要艰苦朴素，不能搞特殊待遇。焦裕禄的大女儿焦守凤初中升高中没有考上，希望父亲能够帮她安排复读，或者去机关当打字员或当教师。然而，焦裕禄怎么也不同意，最后安排她去供销社副食品加工厂干临时工。焦裕禄还对厂长说，你们千万不要以为她是县委书记的女儿就高看一眼，一定要把她安排在最苦、最累、最脏的地方，这样才对她的进步有好处。后来，在焦裕禄病重快不行的时候，焦守凤去郑州看望父亲。为了表达对女儿的歉意，焦裕禄取下了自己佩戴多年的那块手表，交给守凤，说："爸爸没让你继续读书，也没给你安排好工作，爸爸对不起你，这块旧手表是爸爸唯一的财产，送给你做个纪念吧。"焦裕禄在临终前，还对一直以来和他相敬相爱的妻子徐俊雅说："我死后，你会很难。但日子再苦再难也不要伸手向组织上要补助，要救济。"焦裕禄去世后，这么多年，徐俊雅毅然扛起了家庭的担子，并牢牢地守着焦裕禄的嘱托。

党的事业，人民的事业，是靠千千万万党员干部的忠诚奉献不断铸就的。为改变兰考的贫穷面貌，焦裕禄忍受着常人难以忍受的病痛折磨，带领全县人民顽强斗争，用自己短暂的一生，以自己的模范行动，塑造了一个优秀共产党员和基层领导干部的光辉形象，铸造了艰苦奋斗、竭诚奉献等高尚品质的焦裕禄精神。

三、科学求实的务实作风

焦裕禄带领兰考人民治理"三害"的过程，就是扑下身子、求真务实、真抓实干的过程。他坚持深入基层、深入群众，一切从实际出发，从人民群众的利益出发，办实事、求实效，不搞空洞无用的形式主义和花架子，用实实在在的工作成效取信于民、造福于民。正是这种深入、系统、全面的调查研究，使他能够在较短时间摸清"三害"发生的规律，制定切合实际的规划，从而最终改变兰考的面貌。

早在洛阳矿山机器厂工作期间，焦裕禄就坚持深入工厂第一线，向普通工人学习，甘当工人群众的小学生。他被任命为修建从火车站通往厂区的临时公路的总指挥时，积极向有施工经验的工人学习，还常常召开由技术人员、老工人、民工队长参加的“诸葛亮会”，群策群力解决了一个又一个的施工难题，使 7 000 米的公路得以提前完工，为厂区的筹建奠定了基础。洛阳矿山机器厂建立起来后，焦裕禄担任一金工车间主任。为了弄清机器零件，他钻到机床下，一个设备一个环节地对着图纸认证，满身油污，技术员说：“这些都在图纸上标着号呢，一看就知道，根据图纸一下子就能找到。”焦裕禄却说：“那不是一回事，别管设备多么复杂，总会有个规律。如果你亲自找，找到一个核心部件，其他的也就能找到了。如果单单看图纸，那就是吃别人嚼过的馍，没味道。”凭着这股科学求实的工作作风，焦裕禄在洛阳矿山机器厂带领工人克服了一个又一个的技术难题，制造出了全国第一台双筒提升机。

焦裕禄赴兰考担任县委书记后，牢记党和人民的重托，为改变兰考贫穷落后的面貌，更加重视深入群众、调查研究的工作作风。他总强调一点：你不蹲下去，就看不清蚂蚁。他不仅自己跑遍了全县所有的乡镇和大部分村庄，也要求干部们深入基层，真正了解老百姓的需要。他对干部提出过“三同”要求，即与老百姓同吃、同住、同劳动。

上任第二天，焦裕禄就深入灾情严重的城关区调研。他到贫下中农的草屋里，到饲养棚里，到田间地头，了解情况，查看灾情。从许贡庄到胡集，又从胡集到许楼、黄楼等，每到一个村庄，他都要详细查看当地的自然地理环境，并深入村民家中询问、调查生产生活状况。通过实地调查研究，他不仅掌握了当地的基本情况，而且拉近了和群众的关系。在城关区老韩陵村，他挨家挨户到群众家中访问，问吃得咋样，烧得咋样，看屋里有多少粮食，有棉衣、被子没有。他来到老饲养员萧位芬的牛屋，和这位老人拉家常、说心里话，向他请教改变兰考面貌的办法，一直谈到深夜。从此，他们之间建立了深厚的友谊。

焦裕禄在兰考

上任初期，焦裕禄一直深入灾情严重的几个公社调查。在韩陵公社，他先后召开生产队长、妇女干部、社员代表座谈会和群众大会，了解到群众最迫切要求的是喂好牲口，多积肥料，管好桐树，种好花生。针对牲口缺草、缺料、缺垫糠的情况，焦裕禄发动群众 3 天打扫垫糠 400 多车，收草 63 000 斤，兑牲口料 1 140 斤。他还根据调研实际，改变了牲口喂养办法，由原来的轮流喂养改为固定到户，承包饲养。他看到老韩陵村头的麦苗被猪、羊啃吃很多，就组织制定了麦田管理措施，规定猪、羊必须上圈。他还对社员的生活状况进行调查，弄清谁家是困难户，谁家缺粮，谁家缺棉衣，进行有针对性的救助。

1963 年 5 月 18 日，兰考县狂风暴雨，焦裕禄冒着大雨亲自查看县城里的排水问题。第二天，他主持召开县委常委会，提出抗洪救灾的五条意见，并从县直机关抽调一批干部，到各公社帮助查看水情，做好排水工作。与此同时，焦裕禄通知水利局全力以赴下去查看水向，绘出图例。县委常委分片包干带领抽调人员立即下去。焦裕禄也立即带领 3 个人蹚着水到田庄、金营、杜河庄、梁孙庄查看水情。每经过一个村庄，他都进村看看社员的住房，观察群众的情绪，询问排水情况。之后几日，大雨继续下，焦裕禄顺着水的流向，一个村一个村地查看。城关公社的桂李寨地势高，水流上不去，积在北边 6 个大队的地里。焦裕禄决定从桂李寨排水，挖出 5 条排水沟，救出庄稼 2 500 多亩。由于这场大雨中救灾工作处理及时，全县排出积水面积 73 600 亩，占水淹面积的 36%，占能排面积的 92%，补种大秋作物 1 700 亩，修盖房子 1 696 间，安置倒塌房屋的群众 1 440 户。

焦裕禄在广大群众中询问着、倾听着、观察着、思考着。他坚持实事求是，深入调查研究，认真听取群众意见，笃信“吃别人嚼过的馍，没味道”，从而获得了兰考社会生活的第一手资料。他始终把求真务实、真抓实干作为一种科学精神、一种工作作风、一种人生态度。白天下去调查研究，晚上回来琢磨情况、看文件，再通过“过电影”的方式，找出经验教训和存在的问题，通过这种深入、系统、全面的调查研究，为治理“三害”奠定了基础。毛泽东说：“没有调查，就没有发言权。”“你对于某个问题没有调查，就停止你对于某个问题的发言权。”一切问题的解决，不是来自调查的开始，而是来自调查的结束。

四、迎难而上的大无畏精神

面对兰考“三害”肆虐，面对当时沸沸扬扬的所谓“灾区栽干部”的议论，焦裕禄无所畏惧。当地委书记张申找他谈话，向他传达组织上任职的决定时，他态度十分坚决，要立即到兰考报到。来到兰考，面对肆虐的“三害”，焦裕禄看到的不是绝望和黑暗，而是看到了希望和光明，豪迈地喊出“不改变兰考的面貌，绝不离开兰考”的誓言，他下定决心，称“有朝一日，沙丘可以变成绿林，涝洼可以养鱼，盐碱地可以长出好庄稼，关键是要有一个‘干’字”。

面对困难，焦裕禄保持了一个共产党人的乐观主义精神，善于运用辩证唯物主义观点来分析对待矛盾和问题。他在工作中总是亲力亲为，对沙丘一个个查看测量，带领技术人员实地测量排涝河渠。那时的测量技术比较落后，只能是人工实地查看和丈量。要想准确地设计好河渠的走向，就要现场查看水情，根据水情和地势来确定河渠的路线。但是如果不下雨就很难看到实情。当看到大暴雨来临时，人人避之不及，焦裕禄却是另一种思考，他说：“洪水呀，等还等不到哩，你自己送上门来了。”焦裕禄说这话的时候，并不是不知道洪水的危害，而是看到了它有利的一面。在大雨倾盆、洪水遍野的时候，焦裕禄带着技术员，靠着一根木棍，蹚水而走。当焦裕禄冒着大雨来到生产队的时候，生产队干部问他咋来的，他幽默地说：“坐船来的。”生产队干部问他：“船在哪儿?”他举起木棍笑了笑说：“就是这个。”焦裕禄就是用这种方法准确地测量并设计出了改变兰考内涝的大小河道。这一事例充分说明焦裕禄善于利用矛盾相互转化的规律，来看待不利因素，并将其转化为有利因素。这正是中国共产党人革命乐观主义和大无畏精神的最好体现。

五、无私奉献的道德情操

艰苦朴素、清正廉洁、无私奉献，是党的优良传统，也是共产党人先进性、纯洁性的集中体现。焦裕禄对自己、对家人从严要求，“任何时候都不搞特殊”，以廉洁奉公、无私奉献的实际行动，诠释了共产党人的高尚情操和道德风范，在人民心中铸就了一座永恒的丰碑，在党员干部心中树立了崇高的形象。

1963年春节，焦裕禄为兰考县委起草了《关于鼓足干劲，搞好生产，做好工作，勤俭过春节的通知》（以下简称《通知》），强调：“兰考是个灾区，还有许多困难，过节必须坚持勤俭建国、勤俭持家、勤俭办一切事业的方针，不论集体或个人，不要浪费一分钱，不办那些可办可不办的事。”《通知》还特别规定党员、干部切实做到“十不准”，并以身作则。“十不准”是焦裕禄对党员干部铺张浪费、假公济私和特权思想的尖锐批判，体现了他把职位看作为人民服务的岗位、把职权看作受人民委托的崇高品质。

焦裕禄年轻时曾当过戏剧演员，所以特别爱看戏。一天，他去兰考剧场买票看戏，排队时有人认出了他，惊讶地说：“焦书记，您看戏也排队？”焦裕禄笑笑说：“我看戏咋就不能排队买票？”最后，他买到了一张第27排的票。对号入座后，剧场负责人发现他坐在后排，很抱歉地说：“焦书记，请您到前排坐吧，前面有空位。”焦裕禄连连摆手：“乡下群众轻易不进趟城，看戏机会少，当领导的不应该把好座位占了。”剧场负责人说：“前三排是给县领导留的位置，这是多年的老规矩了。”焦裕禄眉头一皱：“过去个别人兴起的老规矩不合理，应当废除！”

精神的力量是永恒的。焦裕禄同志用自己的实际行动塑造了一个优秀共产党员和优秀县委书记的光辉形象，铸就了亲民爱民、艰苦奋斗、科学求实、迎难而上、无私奉献的焦裕禄精神。焦裕禄同志虽然已经离开我们50多年了，但他的崇高精神跨越时空、历久弥新，不因岁月尘封而失色，不因时代变迁而黯然，无论过去、现在还是将来，都永远是亿万人民心中一座永不磨灭的丰碑，是鼓舞我们艰苦奋斗、执政为民的强大思想动力，是激励我们求真务实、开拓进取的宝贵精神财富。

第十二章

“两弹一星”精神

新中国那些为了“两弹一星”伟大工程而毅然归国、呕心沥血、奋斗不息、坚忍自强的先辈们，以及他们在为工程奋斗的过程中培育和发扬的“热爱祖国、无私奉献，自力更生、艰苦奋斗，大力协同、勇于登攀”的伟大精神，为源远流长的民族精神增添了浓墨重彩的一笔。

“两弹一星”是指核弹、导弹和人造卫星。“两弹”中的一弹原指原子弹，后来演变为原子弹和氢弹的合称，即核弹；另一弹是指包括中近程、中远程、远程、洲际导弹在内的导弹；“一星”则指人造地球卫星。

1960 年 10 月 7 日，我国成功发射了苏制地地导弹，1964 年我国自行设计和研制的中近程导弹发射成功，随后相继成功发射了中远程导弹、远程导弹、洲际导弹、固体潜地导弹等；1964 年 10 月 16 日和 1967 年 6 月 17 日，我国第一颗原子弹和第一颗氢弹相继爆炸成功；1970 年 4 月 24 日我国第一颗人造卫星发射成功。在为“两弹一星”这一历史伟业的奋斗过程中，无数研制工作者培育和发扬了“热爱祖国、无私奉献，自力更生、艰苦奋斗，大力协同、勇于登攀”的伟大精神，即“两弹一星”精神。

“两弹一星”这一历史伟业的启动有着极为特殊的历史背景。一方面，当时的中国经济基础薄弱，科学技术远远落后于西方发达国家，我国急需一个远大的规划，在几十年内，迅速改变落后现状，达到世界先进水平；另一方面，西方国家不愿承认甚至企图颠覆新生政权，在各方面对中国实行封锁。最重要的一点是，当时中国处于核大国的核讹诈和核威胁之中，整个 20 世纪 50 年代，美国的核武器就像一片阴云始终笼罩在中国人民头顶，特别是朝鲜战争期间美国多次对中国公然进行核威胁。中国领导人不得不考虑发展自己的核武器，以打破西方国家的核垄断，保卫国家安全，获得进入国际秩序的入场券。1955 年 1 月，毛泽东主持召开中共中央书记处扩大会议专门研究发展原子能问题。毛泽东在会上表示，原子弹这件事总是要抓的，并在会议上做出了发展核武器的战略决策。1958 年 5 月，毛泽东在中共八大二次会议上进一步提出要搞人造卫星，中国卫星事业开始起步。

短时间内，包括海外归国的高精尖科研人才、国内各地的研究力量、抗美援朝归来的指战员在内的大量工作人员，汇集到“两弹一星”工程之中，在自然环境艰苦、经济基础薄弱、苏联外援中断、理论高峰险峻等重重困难中，独立自主、协同攻关，艰难困苦、玉汝于成，以拳拳爱国之情和孜孜以求的坚韧品格，攻克一个又一个难关，终于成功实现原子弹和氢弹的爆炸试验，成功完成导弹和人造地球卫星的发射。“两弹一星”工程的伟大成就，打破了超级大国的核讹诈和核垄断，奠定了我国在国际事务中的重要地位，振奋了国威、军威，极大地鼓舞了中国人民的志气，增强了中华民族的凝聚力。同时，它标志着我国核工程和航天事业从无到有的跨越式发展，成为新中国社会主义建设伟大成就的重要标志，充分显示了中华民族的创造能力，在国内外产生了巨大而深远的影响。

1999 年 9 月 18 日，中共中央、国务院、中央军委在人民大会堂举行大会，江泽民总书记发表重要讲话，隆重表彰为“两弹一星”做出突出贡献的科技专家，授予和追授 23 名科技专家“两弹一星”功勋奖章。江泽民指出，我国在物质技术基础十分薄弱的条件下，成功地研制出“两弹一星”，为我们实现技术发展的跨越积累了宝贵的经验。广大科研工作者培育和发扬的“两弹一星”精神是爱国主义、集体主义、社会主义精神和科学精神的活生生的体现，是中国人民在 20 世纪为中华民族创造的新的宝贵精神财富。

一、热爱祖国、无私奉献

爱国主义是“两弹一星”精神中最重要、最核心的内容。热爱祖国，是中华民族自古以来共同的价值观，是凝聚全国各族人民最强的向心力，也是“两弹一星”事业中最伟大的精神支撑。爱国主义既是对“两弹一星”科研人员崇高精神的高度概括，也是传承发扬“两弹一星”精神的深厚基础。

“回国不需要理由！”

在参加“两弹一星”工程的科学家中，很多人原本在国外学习、工作，科研和生活的条件优渥，但当他们看到新中国政治上发生翻天覆地的变化而科学技术仍然较为落后，当他们听到中央政府真诚希望海外游子回国参与国家建设的召唤时，就义无反顾地回到祖国怀抱。从 20 世纪 50 年代起，钱学森、王淦昌、彭桓武、邓稼先、杨承宗、朱光亚、程开甲、赵忠尧、赵九章、郭永怀、姚桐斌、王承书、张文裕等数以千计的海外科研人员回国参加工作。

钱学森在 1935 年 8 月作为一名公费留学生赴美国学习和研究航空工程和空气动力学，经过十多年的努力奋斗，成为当时世界一流的火箭专家。在第二次世界大战期间，他与其导师冯·卡门参与了当时美国绝密的“曼哈顿工程”——导弹核武器的研制开发工程，是美国屈指可数的杰出人才。新中国成立后，天安门广场飘扬的五星红旗激发了钱学森等留美科技人才的拳拳爱国之心，他们深为祖国的新生而欢欣，对祖国的美好前景充满着憧憬。他们期待早日回归祖国，用自己的专长为国家建设服务。

然而，美国军方深知钱学森“一个人顶上五个师”，通知移民局百般阻挠其回国。不仅全部行李被扣，全家所有活动被监视，钱学森甚至遭到了联邦调查局的非法拘留。在看守所，钱学森像罪犯似的受到种种折磨，他曾回忆说：“在被拘禁的 15 天内，体重就减轻 30 磅。晚上特务每隔 1 小时就来喊醒我一次，完全得不到休息，精神上陷入极度紧张的状态。”尽管如此，钱学森挚爱祖国的赤子之心不仅没有消失，反而更加炽热。他日夜思念着新中国，他坚持斗争，不断地向移民局提出回国的要求。

钱学森（右一）在发射中心指导工作

与此同时，党和国家领导人对海外学人的处境高度关注。中国代表团秘书长王炳南在1954年的印度支那国际会议上与美方代表据理力争，力求通过放行美国在华的侨民和部分军事人员，迫使美国停止扣留钱学森等中国留美人员。但是美方代表以中国拿不出钱学森要求回国的真实理由为由，不肯答应释放钱学森回国。

正当周恩来总理为此焦急万分时，时任全国人大常委会副委员长的陈叔通收到了一封从大洋彼岸辗转寄来的信，信中的署名就是“钱学森”。原来钱学森为了摆脱特务的监视，把信写在了一张小香烟纸上，夹在寄给比利时亲戚的家书中，后辗转带给了陈叔通。信中钱学森请求祖国帮助他回国。陈叔通将信亲手交给了周恩来。周恩来阅后大喜：“这真是太好了，据此完全可以驳倒美国政府的谎言!”他当即做出周密部署，令外交部火速把信转交给正在日内瓦谈判的王炳南，并指示：“这封信很有价值。这是一个铁证，美国当局至今仍在阻挠中国平民归国。你要在谈判中用这封信揭穿他们的谎言。”王炳南遵照周恩来的指示，在当年的中美大使级会谈上亮出了钱学森给陈叔通的信件，迫使美国政府不得不批准钱学森回国的要求。

1955年9月17日，带着随时准备撤离的三个小行李箱，钱学森偕妻子蒋英和一双幼小的儿女登上了“克利夫兰总统号”，踏上了回国的旅途。踏上祖国热土，钱学森激动地说：“我一直相信，我一定能够回到祖国的，今天，我终于回来了!”

如钱学森一样，数以千计的科研工作者身在海外、心系新中国的建设和发展。面对祖国深情的召唤，他们义无反顾地回到五星红旗下，奔赴最需要他们投以热忱、发挥才情、挥洒青春和汗水的攻坚一线，实践他们留取丹心、学成报国的崇高理想。

著名物理学家彭桓武在英国留学期间因聪颖好学而在科学领域获得一定

地位，在面对回国与否这个问题时他毫不犹豫地坚决表示：“回国不需要理由，不回国才需要理由!”著名化学家杨承宗在20世纪50年代初响应国家号召积极准备回国参加建设。他对自己当时在法国进修的导师居里夫人坦率地说，“我出国是为了祖国，回去也是为了祖国”，并带着宝贵的10克碳酸钡镭标准源和一台测量辐射用的100进位的进位器回国，投入原子弹研制工作，并在工作中培养出一批高级科技人才。

周光召后来说：“我们靠的是一批从国外回来的有高度爱国心的科学家，又靠他们带出一批年轻的科学家，他们靠的是一种崇高的精神，一种为了祖国富强而献身的精神，他们是‘两弹一星’的真正功臣。”正是出于这样一种爱国热忱，他们冲破艰难险阻回到祖国的怀抱，为“两弹一星”工程做出了突出贡献。爱国主义这面旗帜将散布于五湖四海的科学家凝聚起来，显示出巨大的感染力和感召力。

不计名利、无私奉献

研制“两弹一星”需要科研工作者长期在人迹罕至、环境恶劣的条件下工作和生活，科研条件和工作环境都异常艰苦；同时，由于“两弹一星”属于国家最高机密，科研工作者大都需要长期隐姓埋名，甚至与家人都不能通信往来。但为了国家需要，他们始终把国家利益置于最高地位，将个人理想与国家命运紧紧联系在一起，为研制“两弹一星”咬紧牙关、忠于职守，不计名利、无私奉献。

1958年8月，钱三强找到当时在原子能研究所工作的邓稼先去搞原子弹，邓稼先坚定地说：“国家利益高于一切，为了中华民族的崛起，我坚决无条件地服从组织决定!”他深知这是项高危事业，从此必须隐姓埋名，不能发表学术论文，不能做公开报告，也不能出国，连亲朋好友之间的交往也受限制。他毅然告别了妻子，投身于这个常年与世隔绝的科研团队。1979 年，他在一次核试验中受到强烈的核辐射，肝脏和骨髓都严重受损，最终因严重直肠癌导致大出血不幸离世，年仅 62 岁，为国家的至高利益付出了自己的生命。

“两弹一星”元勋、航天材料专家姚桐斌从国外归来时说：“我回来不是为了金钱和地位，而是为了把学到的知识贡献给国家，为我国的航天事业献出力量。”这表达了参与“两弹一星”工程的所有科研人员不计名利、无私奉献的共同心声。

中国核科学奠基人王淦昌为我国原子弹、氢弹原理突破及第一代核武器研制做出了卓越贡献，1999 年被追授“两弹一星”功勋奖章。就是这样一位优秀的物理学家，却在将近 20 年时间里消失在世界核物理研究的学术圈，没有任何文章和著作公开发表，也没有人知道他去了什么地方。

正是有邓稼先、姚桐斌、王淦昌这样的科研工作者，为“两弹一星”工程而放弃国外更好的学术平台，消失在学界和公众视野中，隐姓埋名、不计名利、无私奉献，才使我国在短时间内成功实现“两弹一星”从无到有的重大突破。对这些科研工作者来说，也许他们选择投身核工程的时候就失去了冲击诺贝尔奖的机会，但他们说：“‘两弹一星’的成功，胜过 10 个诺贝尔奖。”

热爱祖国、无私奉献是创造“两弹一星”伟业的广大建设者和创业者的高贵品格和精神支柱。他们至诚报国、心有大我，淡泊名利、无私奉献，把个人理想和祖国命运、个人志向和民族复兴紧密联系在一起，将爱国情、报国志融入建设祖国的伟大事业中，融入人民创造历史伟业的伟大奋斗中。1964 年 10 月 16 日晚，中央人民广播电台向全国人民宣布“中国第一颗原子弹爆炸成功"。这极大地振奋了中国人民的民族自信心和民族自豪感，也正式向全世界宣告：中华民族任人欺凌的时代一去不复返了！"两弹一星"精神中所蕴含的爱国主义精神和民族自豪感，必将长久激励和震撼一代又一代中国人的心灵，汇聚更多英才投入祖国最需要的建设之中，鼓舞新时代的中华儿女为实现中华民族伟大复兴的宏伟目标奋勇前进。

原子弹爆炸试验成功

二、自力更生、艰苦奋斗

在"两弹一星"工程中，我党坚持以自力更生为主、争取外援为辅的根本方针，广大研制人员靠着自立自强的民族风骨和国家意志，咬紧牙关战胜一个又一个难以想象的困难，创造出令国人无比自豪、令世界刮目相看的科学成就。用汗水、心血和生命浇灌和培育出来的"两弹一星"精神，生动体现了中国人民自力更生、艰苦奋斗的精神。

研制"争气弹""争气星"

1956 年春天，以毛泽东为核心的第一代中央领导集体果断做出发展原子弹、导弹的战略决策，并积极寻求苏联援助。1957 年 9 月，经过谈判，苏联答应在原子能工业、导弹、火箭武器、航空新技术以及导弹和核试验基地建设等方面对中国进行援助。20世纪50年代苏联在图纸、设备、专家派遣、人员培训等方面给予中国支援，对中国尖端武器研制起了“引路人”作用。

但是，苏联为维护自己社会主义阵营核大国的领导地位，对中国尖端武器研制事业的支持处处设限。特别是1956年之后，中苏两党就国际共产主义运动一系列问题产生分歧，使本就有各种保留和限制的苏联技术援助，在苏联单方面撕毁协议的情况下，于1960年夏天全面终止，同时在中苏边界制造如珍宝岛事件等多起武装冲突。中国的国际空间被不断挤压，中国研制核武器所面临的压力也由美国的单向压力变为美苏的双向压力。

在遭遇外部压力的同时，从1959年到1961年，中国的国民经济也进入极度困难时期。“两弹一星”工程面临多重困难和巨大压力，独立自主、自力更生、艰苦奋斗成为广大研制人员唯一的和必然的选择，“自强”“自立”成为推进“两弹一星”工程的强大精神支柱。

苏联的做法激发了全体科研人员自力更生、发愤图强的精神，他们把自主研发“两弹一星”看成是研制我们自己的“争气弹”“争气星”。为记住1959年6月这个苏联撕毁协议的日子，中国第一颗原子弹工程代号定为“596”。艰难的处境使全体科研人员憋着一股气，誓要自立自强。

凭着前期向苏联专家学来的知识和本领，凭着刻苦钻研、自力更生的坚韧精神，科研人员、工程人员在导弹的设计、工艺、材料等方面不断打磨。当年的副总工程师徐兰如在回忆录中说：“赫鲁晓夫撤走专家，对仿制工作确实造成了一些困难，不过，对我们也有好处。中国人自己的创造力得以充分发挥，一些苏方不合理的甚至错误的‘规矩’得以改进，我们可以自己动脑、自己动手、自己创新。”比如，在选择发动机试车用的推进剂时，苏联专家说中国生产的液氧含可燃物质较多，使用中可能会引发爆炸，酒精纯度也不够，非要中方从苏联进口，可液氧从西伯利亚千里跋涉运到中国，在路上就要蒸发掉一大半。总设计师、一部主任梁守槃经过仔细分析发现，苏联专家把液氧中杂质的气态容积当作液态容积来考虑，两者相差 1 000 倍。再说，杂质是分散分布的，使用时不可能聚在一起发生爆炸。后来，“1059”导弹首飞时就是用的国产推进剂，证明苏联专家的说法是不符合实际情况的。

或许是出于“留一手”的考虑，苏联运来的资料中“缺少”关键的发动机试车台及试车规程方面的资料，“1059”发动机总设计师任新民带领团队发愤图强、废寝忘食，用两个月编制出了试车台设计任务书。1960 年 3 月，我国自行设计建造的第一座导弹发动机试车台竣工验收，随后成功进行了发动机点火试验。

为了加强设计和生产之间的协调，及时处理问题，结构设计室的设计员也下到车间去、下到工段去，与工人、工艺人员并肩作战。车间里热火朝天，他们不分白天黑夜，24 小时连轴转，很多人吃在车间、睡在车间，几天几夜不回家。据回忆，最紧张的时候，有些人一天只能休息一两个小时，困了就趴在桌上眯一会儿。参与这场“大会战”的魏其勇回忆几十年前的场景，说他印象最深的就是大院里的“长明灯”。每到晚上 12 点，各单位负责人都要深入办公室和车间，催促职工回去休息。211 厂职工顾大明甚至等到巡查的领导离开后，悄悄返回岗位继续工作。

“没有人考虑个人休息时间和金钱报酬，只想着早日把导弹仿制成功。”211 厂总工程师辜仲华说。那个时候，提前完成任务，超额完成任务，保质保量完成任务，是每个人的追求，“工作做得不好就会感觉脸上无光”。

聂荣臻说，中国人民是聪明的，并不比别的民族笨，要依靠我国自己的专家和工人搞出自己的导弹。在这个信念下，所有研制人员实事求是，稳扎稳打地推进导弹仿制工作——仿制是为了独创，必须在仿制中把技术吃透，才能够独创。

就在苏联专家撤走后的第 17 天，我国用国产液体燃料成功发射一枚苏制导弹，为国产导弹积累了经验，增强了科研工作者的信心；第 83 天，祖国的地平线上飞起我国自主制造的第一枚导弹。1966 年，第一颗带有核弹头的导弹发射成功，标志着弹箭结合工作成功，中国从此进入了“有枪有弹”阶段。随后，我国又先后成功发射了中远程导弹、远程导弹、洲际导弹、固体潜地导弹，使弹箭结合日益多元化。

与此同时，在原子能战线上，中央决定集中力量，自主突破原子能技术。在中央和各部门强有力的领导和组织下，大批专家和科技骨干从全国各地迅速奔向工程第一线，我国核武器研制事业迅速发展。钱三强说，曾以为是最为艰难困苦的关头，却成为中国人民干得最欢、最带劲、最舒坦的黄金时代。

原子弹比导弹更复杂、花费更大、工程更艰巨。在核弹爆轰试验以前，必须解决理论计算数据问题。在邓稼先率领下，在没有国外权威资料也没有实践经验的条件下，研制人员用简陋的手摇和电动计算机、算盘和钢笔开展大规模运算，夜以继日地把原子弹的设计轮廓勾勒出来。爆炸力学、中子输运、核反应、中子物理等方面都取得突破性进展。1966 年 10 月，通过几次重大的“两弹结合”试验，我们走出了一条不同于美苏的尖端事业发展新路。从采矿、冶炼、加工到最为复杂的科研工作，我们因陋就简、因地制宜，创造性地运用现有的设备和试验手段，不断探索属于自己的技术方案，攻克了一个又一个技术难关。

“天行健，君子以自强不息。”正是凭着这种自信、自强、自立，中国的“两弹一星”事业在外部压力巨大、内部经济困难的条件下，以较短的时间取得了举世瞩目的成就。

金银滩上马兰花开

自力更生、艰苦奋斗的精神不仅体现在参与“两弹一星”工程的科研工作者独立研发、自主创新的科学成就中，还体现在全体参与这项伟大工程的建设者在艰苦环境下奋发图强、顽强作战的拼搏过程中。

1957 年 5 月，经过一系列勘测和反复斟酌，中央领导和有关专家认为青海省的金银滩是最适合修建核武器研制基地的地方。筹建报告批准后的 3 天内，金银滩草原 1 700 多户牧民备鞍打马，为共和国核工业事业无偿让出了世居之地。当地政府组织建设，从河南支援青海建设的支边青年中挑选出 2 000 多人充实施工力量，对场地移民、设备维修、地方性建材、公路修建、生活供应、治安保卫、保密等都做出妥善安排。

科学家们为祖国核事业不畏艰难、艰苦奋斗的精神深深地影响了每一个人。在三年困难时期，基地地处海拔 3 000 米以上的高寒缺氧地区，一年有八九个月都要穿棉衣。建厂初期，人们住的是帐篷，自己动手挖防空洞、拔茅草苫房顶，造半地下的干打垒式房子，吃半生不熟的青稞面馍，喝融化的雪水和河水。怀着为祖国伟大事业献身的自豪感与使命感，大家很快适应了高寒缺氧的气候和艰苦的生活环境。短短几年时间，原本空旷的草原上就竖起一座座工厂、一排排烟囱，原来只有羊肠小道的地方修建了公路和铁路。辽阔的金银滩草原从三顶帐篷逐渐变成商业、邮电、学校、医院等各种设施齐全的建设区。

在原子弹爆炸试验成功之后，为防止美国和苏联对基地进行偷袭，基地的部分设备从金银滩转移到了湟源县，基地工作人员也多了一项任务——防空演练，不仅在每一段铁路、公路，每一个电线杆下都有人值守，还要在草原四周的高山上驻扎“灯营”，架有大炮。每到夜晚，细心的职工偶尔会看到山顶上有灯光闪烁，那就是监视着空中安全的探照灯。

因此，广大的科研工作者和基地建设者、工作者就是在这种外部紧张压力和自身困难的条件下，靠自己的力量创造了金银滩的辉煌，在马兰花开的地方升腾出象征中华民族绝地反击的蘑菇云！正如我国第一颗原子弹试验的总指挥张爱萍将军所指出的，原子弹不是武器，它是一种精神，是中华民族自强不息的精神！

三、大力协同、勇于登攀

“两弹一星”工程之所以能在较短的时间内取得尖端科学技术成就，除了科研工作者们满怀爱国热情、自立自强、刻苦钻研、勇于探索，广大建设者积极进取、无私奉献、艰苦奋斗之外，关键在于我们的国家体制能够形成“全国一盘棋”，建构中国自己的“大科学体制”，协调各方力量共同奋斗。

从战略决策层面，党和国家领导人高度重视“两弹一星”工程，多次强调其必要性和重要性。为了反对核战争、突破核垄断，中国必须攀登科学技术的最高峰。毛泽东曾说：“如果有氢弹、导弹，仗就可能打不起来，和平就更有把握了。原子弹要有，搞起来也不会多，吓吓人，壮壮胆。”1955 年 1 月 15 日在中央书记处扩大会议上，列席会议的李四光、钱三强等科学家向中央汇报了原子武器的原理，演示了用于探测铀矿石的盖革计数器。毛泽东十分高兴地说，我们国家现在已经有了一定的基础，创造了一定的条件，现在到了抓（原子能）这件事的时候，只要排上日程，认真抓一下，一定可以搞起来。从这一天起，中国的核武器研制开始起步，进入了毛泽东所说的“开始要钻原子能这样的历史的新时期”。

“全国一盘棋”

为了贯彻落实研制原子弹的战略决策，党中央、国务院、中央军委把发展原子能实业作为经济建设和国防建设的一项重要任务，列入国家长远发展规划。从战术发展层面，国家领导人统一部署、运筹帷幄，由陈云、聂荣臻、薄一波三人组成原子能领导小组，积极筹建航空和导弹研究机构以及核子武器研究机构，并在 1956 年 4 月 13 日成立国防部航空工业委员会，由聂荣臻任主任。同年 11 月 16 日，第一届全国人大常委会第五十一次会议通过决议，设立第三机械工业部，具体组织领导中国核工业的建设和发展工作。1958 年 5 月，毛泽东在中共八大二次会议上进一步提出要搞人造卫星。至此，中国研制导弹、原子弹和卫星的“两弹一星”事业正式拉开序幕。

“两弹一星”作为新中国成立后规模空前的科技工程，几乎涉及所有科学领域和国民经济部门。加之当时中国经济发展水平较低、基础薄弱，更需要中央加强统一领导，协调全国各方力量大力协同，把本来就十分有限的人力、物力、财力高度集中起来，形成“全国一盘棋”干事创业的强大合力。

就科学技术而言，“两弹一星”是集现代核物理、化学、空气动力学等高精尖技术于一体的大规模科技工程，如此多学科交叉、高度综合的国防战略工程，需要汇集各行业专家、学者、研究人员等高素质科技人才以及广大的管理人员、建设工程人员等综合性人才。

研制“两弹一星”的人才队伍最初主要由留学归国人员、国内科研机构、高校人员和苏联专家组成。新中国成立伊始，国内科研人才匮乏，全国科学技术人员约有5万人，其中从事科学研究的人员仅600多人，科学研究机构也只有30～40个，不可能胜任重大的、高水平的研究工作。为筹建原子能事业，国家从各部门和各地方抽调近500名党政管理干部和专业技术干部，还从抗美援朝凯旋的志愿军指战员中抽调500多名无线电通信兵，组成原子能筹备班子和新疆、湖南两个铀地质勘查队。同时，中共中央要求各省、市委的书记处和中央各部门的党组负责领导实现这一抽调任务，保证所抽调的干部和工人的质量和数量，并且按照规定的时间调齐。

当时中国百业待兴，各个部门建设任务都很重，都感到科技力量不够，都想把骨干人员牢牢抓在手里，但为了“两弹一星”事业，各个部委和科研单位都表示全力支持国家战略发展大局。“全国一盘棋”举国体制的高效率在研制过程中得到了充分发挥，短时间内大量工作人员汇聚参加“两弹一星”研究和建设工程。聂荣臻回忆说：“两弹”的复杂性几乎涉及国民经济所有的生产部门和技术领域。当时，“各单位给予了大力支持，尽管有很多困难，还是尽了最大可能，要人给人，要设备给设备”。“实践证明，适当集中力量……是我们在科学技术战线上能够获得突破性成就的关键措施之一。”

在党的强有力的组织和领导下，全国范围内形成了科研攻关协作网，中国科学院、国防科研机构、工业部门、高等院校和地方的科研力量等“五个方面军”发挥各自技术特长和优势，先后有冶金部、化工部、机械工业部等26个部委，20个省市、自治区，900多家工厂、科研机构和大专院校参加攻关会战，勇攀科学高峰。他们分工协作、互相支援，以举世瞩目的实践成就证明，集中力量是我国在科学技术战线上能够获得突破性成就的关键措施之一。

钱学森高度评价“全国一盘棋”的大协作精神：“这一整套组织合理的制度和方法不仅是科学的，而且也是结合我国实际的，是社会主义的。”举国一心、高度协同的全国大协作，是“两弹一星”最终成功不可或缺的重要原因，它充分体现了社会主义制度能够集中力量办大事的优越性。

构建中国的“大科学体制”

有了最高领导层的战略决策，有了相应的研究机构和科技人员，还需要有高效运作的科学体制来为“两弹一星”工程提供强有力的保障。

美国研制原子弹的曼哈顿工程、研究登月飞行的阿波罗计划等科研活动，都是在国家的大科学方式下进行的。苏联的“规划科学”模式，一定程度上来说也是“大科学体制”，即以大规模的仪器设备、来自政府或国际组织的强有力的资金支持为特征，通常情况下都会形成科学家群和技术人员群共同从事此研究。

“两弹一星”的研制队伍，本身就是一座群星闪耀的星系。有在国外成名已久的科学前辈，也有在科学发现道路上崭露头角的学术中坚，还有在大学里接受了严格的学科教育后马上投身“两弹一星”事业的年轻人。他们群策群力，靠集体智慧、集体攻关、集思广益，突破了一个又一个理论和实践的难题。

在具体操作中，不仅这些理论设计人才、科研人员和大学生定期召开专题讨论会，充分发挥技术民主，甚至负责制造工作的技术工人，都可以在讨论会上、到黑板上写出自己的想法，大胆提出新的设想。直接领导研制“两弹一星”工作的周恩来总理，很善于耐心听取各方面的意见。有一次，他在听取七机部有关领导汇报导弹试飞的安排计划时说，遇到困难就回去发动群众讨论，群众会有办法。中央专委开会时，周恩来每念完一个段落和议题，就宣布停一分钟等待大家发言，直到都没有异议再继续下一个议题，并在充分吸收各方意见的基础上做一段结论性发言。有人提出有道理的反对意见时，周恩来不会马上拍板，而是要求“下去搞清楚，下次会议再讨论”。以这样集体讨论、群策群力的方式，每一个在争论中产生的假想和猜测在实践中不断经受检验，不断得到修正和补充。众人的集体智慧一点点地凝聚，推动着中国核武事业的发展。

我国在1956年制定的《1956—1967年科学技术发展远景规划纲要》，把发展以原子弹、氢弹为代表的尖端技术放在首要位置，确定了国家对科学技术进行宏观管理的“规划模式”，奠定了我国规划科学的基础，也为“两弹一星”工程提供了政策保障。聂荣臻认为，制定十二年科学规划所起到的巨大作用，完全证明了科学研究规划和计划的必要性与重要性。钱学森也认为，中国的制度“能使科研力量高度集中，意志高度统一，这比自由化的美国更适合搞火箭工程”。到1958年底，经过不断探索和完善，我国基本构建起较为完备的集中型的“大科学体制”。

在经济和科技力量都较为薄弱的基础上，以较少的花费，用比资本主义国家更快的速度研制成功“两弹一星”，凸显了中国特色的大科学体制的优越性。20世纪50年代中期，中国在世界上最先制定国家的全面的科学计划发展远景规划，采取了紧急措施，有效地发展了新技术；60年代中期原子弹的试验成功，使中国成为继美国、苏联、英国、法国之后世界上第五个独立掌握核武器技术的国家；此后用了仅仅两年八个月的时间，又完成了从原子弹到氢弹的成功试验；再用两年十个月，于70年代初成功发射了第一颗人造卫星。在工业落后的中国，以如此短的时间自主掌握核技术和卫星技术，靠的就是全国的大力协同，靠的就是勇攀高峰的科学精神。这充分说明，集中力量办大事是中国成功的秘密所在，“大科学体制”体现了社会主义的制度优势。

毛泽东说，人是要有一点精神的。一个民族、一个国家，同样要有足以自立自强、屹立于世界民族之林的精神和风骨。新中国那些为了“两弹一星”伟大工程而毅然归国、呕心沥血、奋斗不息、坚忍自强的先辈，以及他们在为工程奋斗的过程中培育和发扬的“热爱祖国、无私奉献，自力更生、艰苦奋斗，大力协同、勇于登攀”的伟大精神，为源远流长的民族精神增添了浓墨重彩的一笔。

新时代、新方位、新发展、新任务，“两弹一星”精神时至今日仍然是我们新时代建设中国特色社会主义的宝贵精神财富和不竭力量源泉。其中所蕴含的爱国主义情操、集体主义热忱、社会主义优势和追求科学的精神，不断激励所有的科学工作者和祖国的建设者、和平的保卫者，发展科学技术，在科学领域孜孜以求、勇攀高峰；发展基础工业和国防事业，以兵强马壮的实力捍卫国家主权和领土完整；团结协作，面对重大突发事件同心协力、八方支援，下好“全国一盘棋”，维护社会稳定和团结；走出一条中国特色的和平发展道路，维护国际公平正义，推进大国协调合作，不断贡献中国智慧和力量。

习近平总书记在2011年1月26日看望航天科技专家孙家栋院士时指出：“‘两弹一星’精神激励和鼓舞了几代人，是中华民族的宝贵精神财富。”秉持“两弹一星”伟大精神，中华民族的优秀儿女必将在不懈奋斗和不断创造中，谱写更加令人瞩目的辉煌！

第十三章

特区精神

40 年经济特区发展历史上凝练成的独特精神，是中国特色社会主义建设过程中时代精神的高度浓缩，是中国现代化改革历程中的生动注脚。它镌刻着走向富裕的全体中国人民的共同记忆，塑造了改革开放进程中全体中国人民的精神气质，沉淀为我们迈向中华民族伟大复兴的独特财富。

南国春涌改革情，特区助力中国梦。创办经济特区，是我们党和国家为推进改革开放和社会主义现代化建设做出的重大决策。改革开放初期，党中央先后设立深圳、珠海、汕头、厦门、海南 5 个经济特区，在经济领域率先实行特殊政策和灵活措施，自此掀开了社会主义现代化建设的序幕。40 年来，这 5 个经济特区不辱使命，在建设中国特色社会主义伟大历史进程中谱写了勇立潮头、开拓进取的壮丽篇章。

只有敢于走别人没有走过的路，才能收获别样的风景。2018 年 4 月 13 日，习近平在庆祝海南建省办经济特区 30 周年大会上的讲话中指出："经济特区要勇于扛起历史责任，适应国内外形势新变化，按照国家发展新要求，顺应人民新期待，发扬敢闯敢试、敢为人先、埋头苦干的特区精神，始终站在改革开放最前沿，在各方面体制机制改革方面先行先试、大胆探索，为全国提供更多可复制可推广的经验。"

一、敢闯敢试的改革精神

改革开放的过程就是思想解放的过程。没有思想大解放，就不会有改革大突破。经济特区因改革开放而生，伴随改革开放成长，与改革开放命运与共，深得改革开放风气之先。在党中央的坚决支持和领导下，经济特区以其敢闯敢试的实践，从打破传统经济体制束缚到探索设立新经济体制的改革进程中一步步走来，以其自身独特的排头兵作用，推动了影响亿万人民群众的观念更新，促进了与中国改革相适应的观念和精神的形成。

敢闯敢试就是要勇于解放思想。1979 年 4 月，中央工作会议召开，广东省委负责同志建议中央下放若干权力，允许在深圳、珠海、汕头开办出口加工区。邓小平非常支持这一建议，并指出："还是叫特区好，陕甘宁开始就叫特区嘛!""中央没有钱，可以给些政策，你们自己去搞，杀出一条血路来!"当时束缚中国经济发展的不仅仅是高度集中的计划经济体制，还有与传统经济体制相适应的僵化的思维模式。经济特区想要发展，必须解放思想。

1984 年，在经济特区建设首度遭受质疑的关键时期，邓小平专程视察了深圳、珠海、厦门等经济特区。历经近一个月的审慎调研、深入思考后，80 岁高龄的邓小平挥毫写下了"珠海经济特区好""深圳的发展和经验证明，我们建立经济特区的政策是正确的""把经济特区办得更快些更好些"等重要题词，将最殷切的期待、最热情的鼓励和最深情的鞭策写在了改革开放的最前沿，高瞻远瞩、提纲挈领地为中国特色社会主义的发展指明了前进的方向。

随后，中共中央、国务院召开了沿海部分城市座谈会，会议提出将厦门特区范围扩大到全岛，同时决定开放上海、天津、大连、秦皇岛、青岛、烟台、连云港、南通、宁波、温州、福州、广州、湛江、北海 14 个沿海港口工业城市，一个对外开放的沿海黄金地带就此形成。1985 年 2 月，继兴办经济特区、开放沿海城市之后，中央又正式决定把长江三角洲、珠江三角洲和闽南三角洲开辟为沿海经济开放区，随后又将辽东半岛、胶东半岛开辟为沿海经济开放区。至此，中国对外开放由点到线、再到面，自南向北的沿海经济开放区格局初步形成。

1984 年，建设中的深圳国贸大厦

“时间就是金钱，效率就是生命”是深圳经济特区早期发展中最有代表性、最能反映特区精神气质的宣传标语，其中折射出的“发展是硬道理”和“效率优先”的双重核心理念，直接催生了红遍大江南北的深圳速度，成为打破思想禁锢、激励人们投身改革开放大业的时代最强音。早在 1984 年，深圳国贸大厦主体工程建设工地，由基建工程兵集体专业组建的建筑团队，创造了“三天一层楼”的纪录，堪称当时楼宇建筑速度的奇迹。深圳速度由此名扬海内外，成为深圳率先发展、协调发展的重要标志。

新闻链接

博鳌医疗旅游“试验田”开花结果

两年前，一粒国外抗癌特效药，从先行区内医院申请到患者用药，要 6 个月。如今，只需 7 天左右。2013 年，国务院正式批复海南设立博鳌乐城国际医疗旅游先行区，给予其医疗技术、医疗药品器械特许准入等 9 条“黄金政策”。目前，园区内 27 个项目开工在建。

国外药品未在国内上市，进口量少，物流成本高，外国药企供货商难找，药品进口时间就会拖长。如何打通药品落地的“最后一公里”？先行区建起博鳌公共保税药仓，实行“境内关外”运作方式，相当于把口岸直接“搬”到先行区，建起进口药品与患者之间的“高速路”。现在，国家药监部门的进口批文一到，医院不用周转进货，提药、用药几乎零时差。外国药品大量进入保税药仓，也节约了药品保存运输成本。先行区正为国内医院体制改革提供博鳌经验，多种新型诊疗形态的医院在这块“试验田”扎根发芽。

（节选自《人民日报》2018年4月12日第4版）

敢闯敢试就是要坚持改革开放。1992年春，邓小平视察深圳经济特区并发表重要讲话，鼓励深圳改革开放的胆子要大一些，看准了的，就大胆地试，大胆地闯，“深圳的重要经验就是敢闯”。2012年，中共十八大之后，习近平总书记首选深圳经济特区作为北京之外的视察访问地点，显示了新时代中共领导人毫不动摇坚持改革的坚强意志。坚持以开放促进改革，同样是经济特区成功的重要经验。

当习近平总书记谈到1985年他从河北正定县到厦门市任副市长时说：“我当时很踊跃地到厦门来啊，就是想来尝试对改革的实践、对开放的实践。”然而当时厦门给他的感受是：当时福建整个形势比想象的要欠发达一些。他是1985年6月份到厦门上任的，从福州到厦门一路走了8个小时。交通条件比较差，道路比较狭窄。到了厦门以后呢，感觉也是出乎意料，过去说是海上花园，但是市容市貌都是显得比较陈旧一点，所以厦门的同志说，美丽的厦门岛好像是一个青春少女，但是穿了一件破衣服。1985年，厦门经济特区范围仅仅湖里的2.5平方公里；如今，走过近40周年的厦门特区已扩大到全市1 573平方公里。

自2011年4月20日正式落地至2018年4月20日，海南经济特区离岛免税政策已7周年。在此期间，相关政策分别对政策惠及人的年龄、离岛免税商品品种、免税购物限额、购物次数限制、销售方式等进行过4次调整完善，进一步释放了政策红利。截至2018年4月19日，海关监管的三亚、海口两家免税店销售的离岛免税品有4 796.6万件，销售金额达375.9亿元，购物人数总计1 153.5万人次。下一步海南离岛免税政策将根据海南建设国际旅游消费中心的定位再次进行调整，以继续加大研究创新力度，优化监管模式，为提供更加便捷的购物监管服务。

故事链接

两个罗芳村的故事

20世纪70年代末的深圳，还是个人口不足3万的“省尾国角”的边陲小镇。可就是这个小镇中一个名不见经传的小村落——罗芳村，引起了自中共广东省委书记吴南生到中央书记处书记邓小平的关注。原因就是在深圳河对面的新界也有一个同名的罗芳村。只是深圳的罗芳村人均年收入是134元，新界的罗芳村人均年收入是13 000元。更耐人寻味的是，新界原本没有什么罗芳村，居住在这里的人都是陆陆续续从深圳的罗芳村逃过来的。一边是高楼林立、现代繁华的国际都市，一边是瓦房凌乱、萧条破旧的边陲村落。两个罗芳村鲜明的对比，作为深圳一带“逃港”热潮的典型缩影，深刻地折射出当时的中国社会在与贫穷无声斗争中的无奈选择。

二、敢为人先的创新精神

习近平总书记指出：创新是一个民族进步的灵魂，是一个国家兴旺发达的不竭动力，也是中华民族最深沉的民族禀赋。在激烈的国际竞争中，唯创新者进，唯创新者强，唯创新者胜。创新，是40年来经济特区高速发展的核心动力，是40年来经济特区巨大成就的亮丽底色。

敢为人先就是要当好试验田，做好排头兵，为全国改革开放探路开路。先行先试是经济特区的一项重要职责，目的是探索改革开放的实现路径和实现形式。邓小平曾经说过："我们最大的试验是经济体制的改革。"改革开放初期，经济特区在由过去的计划经济向社会主义市场经济转变的历史进程中，率先开始了市场取向的经济体制改革。在认为市场经济等于资本主义的年代，经济特区用实践证明了市场调节在我国的可行性，证明了市场调节的效率和效益。到1992年党的十四大确立我国经济体制改革的目标是要建立社会主义市场经济，在深圳试验了12年之久的市场调节得以推广全国，成为全国推行市场经济的序曲。

据不完全统计，改革开放以来，深圳创造了500多个"中国第一"，完成了120多项世界首创。第一个进行分配制度改革；第一个改革人事制度，实行聘用制；创办第一家企业自办的股份制银行、第一家股份制保险公司、第一家股份制中外合资企业……时至今日，覆盖每一个中国人的经济制度、金融制度、法治建设、体制改革、民生保障等一系列影响深远的制度探索，很多都是源起于深圳。经济特区正是以这种无所畏惧、勇当排头兵的精神，引领着中国经济体制改革的风潮，为寻找改革开放的成功路径提供了极具实践价值的科学标本。

建省30年来，海南经济特区有近百项改革走在了全国前列。率先取消设立企业的所有制限制，所有企业都享受15%的所得税税率；率先推进粮食价格改革，实行同市场价格基本接近的购销同价；率先实行主要生产资料计划价与市场价并轨的价格改革；率先设立外资成片开发的洋浦开发区；率先实行“一脚油门踩到底”的燃油附加费改革；率先实行落地免签制度；率先实行航权开放试点，海南空域成为全国最开放的天空；率先取消了农业税，海南经济特区最先进入农民无税时代……

敢为人先就是要发挥好窗口和示范带动作用。经济特区在实行对外开放的历史进程中发挥了重要的窗口和基地作用，为我国实现从封闭半封闭到全方位开放进行了开拓性探索。邓小平曾这样评价特区的作用：“特区是个窗口，是技术的窗口，管理的窗口，知识的窗口，也是对外政策的窗口。”从我国长期的对外封闭，到渐进式的对外开放，深圳、珠海、汕头、厦门和海南是首先打开的几扇“窗户”。

20 世纪 80 年代，深圳经济特区先后与中央 27 个部委，全国 28 个省、市、自治区加强合作，采用多种形式办起 3 900 多家内联企业。这些企业最初是以内地对深圳的资助方式建立的。它们不仅为内地经济改革积累了丰富的第一手资料，而且它们秉持的与市场经济相适应的新观念、新思维也经由深圳向全国扩展。随着全国改革开放的不断深化，先发展富裕起来的深圳，坚持服务国家发展大局，不忘全国对经济特区发展的支持，积极通过制度、技术、资金、人才等多种方式回馈全国，促进东中西部协调发展，对国家发展起到了重要的辐射和带动作用。

江泽民在庆祝厦门经济特区建立 10 周年庆典上的讲话中指出：“厦门经济特区建设，对带动闽南地区加快经济发展起了重要作用，为推动海峡两岸的经济交往，促进祖国统一事业作出了积极的贡献。”“厦门经济特区与台湾一水之隔，是海峡两岸开展经济文化交流的一个重要窗口。”从 1994 年开始，中央就对直抵厦门口岸的台胞实行落地签证。1996 年 8 月 20 日，中华人民共和国交通部颁布的《台湾海峡两岸间航运管理办法》开始实施。交通部最先开放厦门、福州两地作为两岸间船舶直航的试点口岸。这成为祖国大陆加速实现两岸直接“三通”的重要措施和实际步骤。

三、埋头苦干的创业精神

“空谈误国，实干兴邦”是深圳经济特区蛇口工业区在1992年竖立起的标语牌，如今这块蓝底白字的标语牌仍然矗立在蛇口南海大道边。“空谈误国，实干兴邦”旗帜鲜明地倡导的埋头创业的新发展观，不仅呼应了“发展是硬道理”的时代主题，而且时至今日依然是推进改革开放实践不断深入的座右铭。

1984年深圳蛇口

埋头苦干就是要成为改革开放的开拓者。习近平总书记指出，经济特区的成功实践为中国特色社会主义理论的形成和发展提供了丰富素材和鲜活经验。新形势下，坚持和发展中国特色社会主义仍然有许多重大课题需要探索实践，有许多新的领域需要开拓创新。经济特区要坚持摸着石头过河，逢山开路，遇水架桥，不断为新时代中国特色社会主义建设形成新经验、深化新认识、贡献新方案，需要继续发扬埋头苦干的创业精神。

2015 年的《政府工作报告》提出，推动大众创业、万众创新，既可以扩大就业、增加居民收入，又有利于促进社会纵向流动和公平正义。让人们在创造财富的过程中，更好地实现精神追求和自身价值。同年初，国务院总理李克强在视察深圳经济特区的行程中，特别安排了访问当时还毫无名气的深圳柴火创客空间。当空间创始人希望总理能成为柴火创客的荣誉会员时，李克强欣然应允："好，我再为你们添把柴!"总理的率先垂范，掀起了全国范围内争当"创客"的热潮。

海南省为深入推进农业供给侧结构性改革，将科技元素注入现代农业，打造热带特色高效农业品牌。在海南省陵水现代农业示范基地大棚里，在引进的新加坡垂直耕种系统中，青菜生长在总高有 9 层的自动升降架上。每半小时，各层蔬菜都会上移一层，升至最顶层的蔬菜会自动降落到底层。这套系统既能保证各层蔬菜接受充足的日照，还能极好地节约土地资源。同时，低能耗水压驱动，椰糠配方基质的采用，很好地实现了均衡高效生产。在这个总规划面积 1.1 万亩的巨型农业基地，农民的鞋底几乎不用接触到泥土。采摘蔬果，只要站在随着地面滑轨移动的梯架上就可以做到。虽然基地的硬件设施投入较高，但高达 5.5 万斤的亩产和更好的品相，使农户一般在四五年就能收回成本。仅 2015—2017 年，基地就举办了 87 期培训班，受益群众达 8 000 余人。

埋头苦干就是要成为现代化建设的实干家。做现代化建设的实干家，就是要把改革抓在手上、落到实处、干出成效。只有埋头苦干才能攻坚克难，只有埋头苦干才能梦想成真。经济特区自兴办以来就着力培育的崇尚实干的良好社会氛围，为实干者和干事者撑腰鼓劲。

2015年5月15日，在北京发布的《城市竞争力蓝皮书：中国城市竞争力报告NO.13》显示，2014年深圳城市综合经济竞争力已经超越香港，位居全国第一。人均GDP近5年增加1万美元，达到2.4万美元，每平方公里产出GDP、财政收入分别达8亿元和2.8亿元，均居全国大城市首位。此前，深圳连续三年位居《福布斯》中国大陆创新城市排行榜首位。《福布斯》中文版发布的“中国潜力企业榜”中，15家深圳企业列入其选出的100家“中国最具潜力上市企业”，数量超过京沪穗。海南经济特区自建省以来的30年里，主要经济指标实现了数十倍甚至上百倍的增长。与1987年相比，全省地区生产总值增长21.8倍，社会消费品零售总额增长61.8倍，地方财政一般公共预算收入增长226.8倍。

2011年，在“厦门经济特区建设30周年杰出建设者”评选活动中，层层选拔出的50位杰出建设者和10位优秀建设者，涵盖17个行业，其中创业类占31.7%，创新类占28.3%，一线模范代表占40%。值得一提的是，厦门作为一个外向度比较高的城市，港、澳、台和外籍人士也占有一定的比例。被称为“肩扛两座通道的工学博士”，历任海沧大桥工程建设常务副指挥长、翔安隧道工程建设副指挥长兼总监理工程师的曾超谈道：“厦门经济特区30年，一代又一代的建设者们，以火一样的热情投身其中，用智慧和汗水创造了辉煌的业绩。……1991年，中国大陆第一座跨海大桥——厦门大桥通车；2001年，亚洲第一座特大型三跨连续全漂浮钢箱梁悬索桥——海沧大桥通车；2010年，中国大陆地区第一条海底隧道——厦门翔安海底隧道通车。在这些工程的建设中，我和同事们一起，攻克了一个个世界难题，创造了一个个中国纪录。”海沧大桥，这个获得“中国土木工程詹天佑奖”的工程，仅前期调研就用了整整 10 年。而翔安隧道这一在我国隧道建设史上具有里程碑意义的工程，无论设计、施工还是监理、科研等，建设全过程都是由我国自主承建的。

观念影响中国，精神塑造中国。40 年经济特区发展历史上凝练成的独特精神，是中国特色社会主义建设过程中时代精神的高度浓缩，是中国现代化改革历程中的生动注脚。它镌刻着走向富裕的全体中国人民的共同记忆，塑造了改革开放进程中全体中国人民的精神气质，沉淀为我们迈向中华民族伟大复兴的独特财富。经过长期不懈奋斗，中国特色社会主义进入了新时代。特区精神将注定成为新时代继续推进改革开放的精神资源，全面深化改革的精神财富，开拓创新的精神动力。“不要人夸颜色好，只留清气满乾坤。”在新时代开拓创新的征程中，经济特区将继续走别人没有走过的路，继续收获不一样的风景。

第十四章

载人航天精神

载人航天工程自立项实施以来，在党中央、国务院、中央军委的英明决策和坚强领导下，在全国各族人民的大力关心支持下，广大航天工作者牢记使命、顽强拼搏，攻坚克难、开拓进取，培育铸就了“特别能吃苦、特别能战斗、特别能攻关、特别能奉献”的载人航天精神，取得了举世瞩目的伟大成就。

2003年10月15日清晨，北京航天飞行控制中心内，所有科技人员都严阵以待，等待神舟五号载人飞船发射时刻的到来。此刻，数千里之外的戈壁荒滩——酒泉卫星发射中心发射现场，神舟五号巍然挺立，直耸云天，整装待发，鲜艳的五星红旗图案镌刻在机身顶部，下面赫然印着“神箭”和“中国航天”字样。

控制中心倒计时大屏幕上的数字不停地闪烁变换。“1分钟准备!”发射现场总调度的声音响起。“50秒……40秒……30秒……20秒……”所有人都屏息凝神，表情肃穆，控制中心与发射现场都异常安静，可是这安静中分明听得到所有人心跳的声音。“10、9、8、7……点火!”橘红色的火焰喷涌而出，滚滚浓烟四散，飞船成功点火升空。控制中心指挥人员不间断播报着各项信号和指标正常的信息，电视机前的无数中国人长长地松了一口气，不少人还流下了激动而欣喜的热泪。

机舱里，杨利伟成为第一位进入太空的中国人，他面带微笑，神情镇定，将一面具有特殊意义的中国国旗送入太空。当经过21小时23分钟的太空行程返回陆地后，杨利伟迈出舱门面对欢呼的人群说出的第一句话是：“这是祖国历史上辉煌的一页，也是我生命中最伟大的一天。”神舟五号载人飞船的成功发射向世界庄严宣告，中国已成为世界上第三个独立掌握载人航天技术的国家。

1992年9月21日，中央政治局常委会批准我国载人航天工程按“三步

神舟五号飞船顺利升空

走”发展战略实施。第一步，发射载人飞船，建成初步配套的试验性载人飞船工程，开展空间应用实验；第二步，突破航天员出舱活动技术、空间飞行器的交会对接技术，发射空间实验室，解决有一定规模的、短期有人照料的空间应用问题；第三步，建造空间站，解决有较大规模的、长期有人照料的空间应用问题。经过20余年的不懈奋斗，中国载人航天工程发展突飞猛进，捷报频传。自2003年神舟五号首飞成功后，神舟系列飞船已经先后完成了6次载人发射：2005年，神舟六号实现多人多天飞行；2008年，神舟七号实现航天员出舱活动和小卫星伴飞；2012年，神舟九号完整掌握空间交会对接技术；2013年，神舟十号与天宫一号交会对接，进行应用性飞行；2016年，神舟十一号与天宫二号自动交会对接成功。目前，我国载人航天工程“三步走”发展战略中的前两步已取得全面胜利，第三步任务空间站工程已全面展开，各项研制建设工作正稳步推进。根据规划，2022年左右中国将建成自己的太空家园，中国空间站届时将成为世界上唯一的空间站。

载人航天工程自立项实施以来，在党中央、国务院、中央军委的英明决策和坚强领导下，在全国各族人民的大力关心与支持下，广大航天工作者牢记使命、顽强拼搏，攻坚克难、开拓进取，培育铸就了“特别能吃苦、特别能战斗、特别能攻关、特别能奉献”的载人航天精神，取得了举世瞩目的伟大成就。

一、特别能吃苦

航天员是乘坐航天器进入太空飞行的人员，他们要在特殊的环境条件下，在航天器的舱内外完成飞行监视、操作、控制、通信、维修以及科学研究等特殊的工作任务，并能正常地生活。只有进行严格而系统的训练，才能具备优良的生理和心理素质，对航天特殊环境因素有很强的适应能力，并熟练掌握航天器和完成飞行任务所应具备的各种知识和技能。航天员要学习的科目有空气动力学、天文学、航天医学、心理学、飞船设计原理、航天技术、航天环境以及英语、高等数学等上百个，且这些知识要在短短四年内全部掌握。航天员的培训内容包括体质锻炼、理论知识教育、心理训练、特殊环境因素耐力和适应性训练、生存训练和航天器技术训练、航天医学工程技术训练、空间科学及应用知识和技术训练等。

提起航天员的日常训练，大家一定觉得很有趣，实际上他们学习及训练的难度、强度和复杂程度远远超过我们的想象。有些训练甚至是让人难以忍受的“魔鬼式训练”。低压缺氧训练，他们忍受着头晕恶心甚至休克的反应，每次训练都坚持30分钟以上；增强前庭功能的转椅训练，一般人一两分钟就受不了，航天员却要连续旋转15分钟；模拟失重训练，航天员身穿160多公斤的舱外航天服，在10米深的水中一次训练三四个小时，每次下来都累得瘫软在地，吃饭连筷子都拿不住；心理训练，航天员要在狭小密闭的隔离舱内经受抗疲劳抗寂寞的考验，72小时连续工作，不能睡觉，不能离开。

离心机训练，是航天员训练最多、最痛苦的训练项目之一。“嗡、嗡、嗡……”在中国航天员科研训练中心的离心机训练室内，一个8米长的旋转臂带动着模拟舱高速转动，发出巨大轰鸣声。这是一种巨大的高速旋转的装置，开动时航天员常常会头晕恶心，呼吸困难，痛苦程度无以言表。此时，航天员张晓光正在进行超重耐力训练，他被固定在座舱里，承受40秒的8倍重力加速度，他的脸因为载荷压力已经被挤压变形，但眼神却依然刚毅镇定。他不仅要重复各种抗负荷动作，同时还要判断信号答题。训练结束，张晓光稳步走出离心机，平静如水，保持着那份特有的自信和阳光。正是由于经受住了如此艰苦的训练，张晓光才不负众望，脱颖而出。2013年6月11日至26日，张晓光和航天员聂海胜、王亚平驾乘神舟十号飞船成功进入太空，圆满完成我国载人航天首次应用性飞行。航天员大队的每一位队员都和张晓光一样，无论训练如何艰苦，从不退缩。离心机训练中有两个按钮，红色按钮为暂停，自大队成立至今的20年来，从无一人次在训练时按过红色按钮，航天员用他们坚忍不拔的精神渡过一个又一个难关。

刘洋是中国首位女航天员，人们对于这位巾帼英雄的成长经历和日常生活充满好奇。实际上，和其他行业年轻女性的生存状态不同，刘洋的日常生活极其单调和枯燥。为圆梦太空，刘洋自进入航天员大队后，几乎放弃了一切休息和娱乐活动，一门心思扑在学习训练上，就连航天城大门都很少迈出。她自嘲道：“在北京，我是个典型的‘路盲’！”有一次，刘洋乘车外出执行任务，路过王府井时，看到宽阔的马路和两侧雄伟的高楼，她忍不住问："这是哪儿呀?"引来一阵大笑。刘洋说："来北京 7 年，我就知道两个地方，一个是航天城，另一个是航天桥。因为它们都与航天有关。"刘洋为了她挚爱的载人航天事业心无旁骛，几乎是两耳不闻窗外事，正是这种特别能吃苦、特别专注的精神，成就了中国首位女航天员的诞生。

"宝剑锋从磨砺出，梅花香自苦寒来。"阳光总在风雨后，没有人能随随便便成功。航天员每一次成功飞行的背后都是日常无数次的艰苦训练。对于航天员来说，特别能吃苦的精神，就是全力以赴、认真钻研、严格训练、不惧疲劳的精神，就是无怨无悔、持久忍耐、迎难而上、以苦为乐的精神。

二、特别能战斗

习近平在党的十九大报告中指出，实现伟大梦想必须进行伟大斗争。中国革命的胜利是靠斗争打出来的，中国建设的成就是靠斗争干出来的，中国改革的推进是靠斗争闯出来的。进行伟大斗争要继承和发扬斗争精神。

战斗精神是中国人民解放军的光荣传统，尤其在战火纷飞、硝烟弥漫的战争年代，人民军队浴血奋战，不畏强敌，为革命的胜利和中华人民共和国的成立立下不朽功勋。战斗精神作为军人的职业精神，是军人素质和觉悟的全面体现。也许有人要问，在今天这样一个和平发展的年代，人民军队的战斗精神又是如何体现出来的呢?成立于 1998 年 1 月 5 日的中国人民解放军航天员大队就是一支最能体现和平年代军人战斗精神的队伍，一支一不怕苦、二不怕死的队伍，一支特别能打胜仗的队伍。队员们进行伟大斗争就是要跟科技难题做斗争，跟艰苦训练做斗争，跟外部恶劣环境做斗争，跟自己的内心压力做斗争。航天员用他们的实际行动证明，战斗精神在今天并没有过时，在我们实现航天梦、实现中国梦的伟大征程中仍发挥着重要意义。

众所周知，航天员是一项挑战人类身体和心理极限的高风险职业，不仅需要过硬的身体素质，还需要强大的心理承受力。而这种心理承受力来自何处？来自一种不畏牺牲的战斗精神。追梦之路，从来不缺少挫折与挑战，甚至要经历生死考验。遥遥飞天之路，更是如此。

2008 年 9 月 25 日，景海鹏、翟志刚、刘伯明三人执行神舟七号飞行任务。9 月 27 日，就在翟志刚即将漫步太空时，意外情况发生了。开启轨道舱舱门时，他拼尽全力，舱门却丝毫没有反应。在地面训练中，他从未遇到这种情况。此时，飞船即将驶出测控区，如果舱门打不开，空间出舱活动就无法进行，神舟七号任务的核心目标就无法实现。刘伯明一边鼓励翟志刚，一边协助他固定腿部，在两人的协力配合下，舱门终于打开。可就在这时，突然传来报警提示："轨道舱火灾！轨道舱火灾！"此时，空间出舱活动行将展开，全国人民都在翘首以待。刘伯明和翟志刚目光对视，彼此心领神会。刘伯明果断调整舱外活动计划，临时改变了操作步骤，将一面五星红旗递到翟志刚手中。翟志刚毫不犹豫地出舱，第一个动作是在太空中高高举起了五星红旗。为什么要把五星红旗先送出去？刘伯明说："因为如果关上舱门，瞬间爆炸，我们就回不去地球了，但就算果真遭遇不测，我们也要让五星红旗在太空高高飘扬。"事后证明，这次火警是一次误报，但一瞬间的果断抉择，足以见证航天员崇高的战斗精神。"苟利国家生死以，岂因祸福避趋之。"为了国家的荣誉和人民的利益而战，随着准备着奉献出自己的宝贵生命，这就是航天员战斗精神的最高境界。

誓言铮铮不忘初心，牢记使命勇闯太空。2018 年 1 月 4 日，在纪念中国人民解放军航天员大队成立 20 周年之际，正在全力备战空间站工程任务的中国航天员隆重举行重温入队誓词活动，表达为祖国载人航天事业奋斗终生的坚定决心。宣誓活动在位于京郊的北京航天城举行。占地 5 000 多平方米的空间站模拟器大厅内，巨大的空间站模拟器前，悬挂着巨幅五星红旗。面对国旗，航天员杨利伟、费俊龙、聂海胜、翟志刚、刘伯明、景海鹏、刘旺、张晓光、刘洋、王亚平、陈冬 11 名曾经出征太空的航天员，举起右拳，一起重温入队誓词："我自愿从事载人航天事业……英勇无畏，无私奉献，不怕牺牲，甘愿为载人航天事业奋斗终生!"铿锵有力的宣誓声响彻大厅，让在场的很多人深受感染，热泪盈眶，人们仿佛重新回到了 20 年前航天员大队成立的历史时刻。

航天员大队成立 20 年来，成功执行 6 次载人航天飞行任务，11 名航天员遨游苍穹，为中国载人航天事业做出突出贡献。航天员大队被中央军委授予"英雄航天员大队"荣誉称号，2017 年 7 月荣立集体一等功。11 名航天员先后被中共中央、国务院、中央军委授予"航天英雄""英雄航天员"荣誉称号，1 人被授予"八一勋章"。"有志者，事竟成，破釜沉舟，百二秦关终属楚；苦心人，天不负，卧薪尝胆，三千越甲可吞吴。"时代呼唤英雄，我们的航天员大队不负祖国和人民重托，打赢了一场又一场不见硝烟但却惊心动魄的硬仗。

三、特别能攻关

中国载人航天的攻关精神体现在万众一心、精益求精、科技驱动、勇于创新等方面。

载人航天是“万人一杆枪”“全国一盘棋”的事业，要想取得胜利，全党全国各族人民必须同心砥砺，众志成城。广大载人航天工作者在攻坚克难的工程实践中，坚持发挥社会主义制度的政治优势，坚持总揽全局，凝聚千军万马于伟大的事业之中，形成万众一心、共创伟业的生动局面。工程队伍牢固树立一切为载人、全力保成功的理念，目标一致、决心一致、步调一致，同舟共济、群策群力，服从大局、保证大局，真正做到了一条心、一股劲、一盘棋，实施大兵团作战，形成了圆满完成任务的强大合力。

中国航天人始终把“三个精心、两个确保”作为根本指导，始终把“严肃认真、周到细致、稳妥可靠、万无一失”的十六字方针作为基本准则，始终把“成功是硬道理”作为最终追求，始终把“载人航天、人命关天”“成功不等于成熟，一次成功不等于次次成功”作为长鸣警钟，以对载人航天事业和对航天员生命极端负责的精神，严格管控，规范管理，一丝不苟，精益求精，确保万无一失，确保圆满成功。

科学技术是第一生产力，科技在载人航天事业中更是发挥了引擎作用。2016年10月19日3时31分，神舟十一号载人飞船与天宫二号空间实验室成功实现自动交会对接。这一刻，忙碌在机房里的北京航天飞行控制中心轨道室主任谢剑锋终于稍稍松了一口气。

谢剑锋说，载人航天，人命关天，轨道人计算的是飞行器的轨道线，关系的却是航天员的生命线。尤其是载人交会对接任务，频繁的控制环环相扣，任何一次出现失误都会影响后续任务实施，都可能影响航天员的在轨安全。因此，他带领团队创新攻关，努力提升飞控技术水平，每一个数据、每一个模型、每一次计算、每一次控制，都确保做到精准无误。

如果说关键技术创新是任务执行的前提基础，那么轨道控制计算的精度则是任务成败的关键所在。为了确保万无一失，谢剑锋带领团队反复推敲每一个控制细节，认真核对每一个控制策略，充分考虑每一个可能故障。带着这份执着，20 年来，他先后创新突破了“高精度定轨”“精确返回控制”等 20 多项具有自主知识产权的关键飞控技术，达到世界先进水平。

雄关漫道真如铁，而今迈步从头越。对谢剑锋来说，最大的梦想就是在太空描绘出一条条精准完美的轨道线，就是能用不断刷新的轨道精度，助推中国航天的高度。“我们的人生因精度而精彩!”这是谢剑锋的座右铭，更是他对自己 20 年飞天征程的最佳诠释。17 年前，当神舟一号飞船遨游苍穹时，谢剑锋和他的团队把轨道精度做到了百米量级。5 年前，面对被称作“太空穿针引线”的空间交会对接任务，他们把轨道精度提高到了 10 米量级。今天，随着中国人迈向太空的脚步迈得越来越远，这个精度还在不断刷新，10 米，8 米，5 米……

在中国载人航天事业中，像谢剑锋这样的例子数不胜数。广大航天工作者坚持技术创新、管理创新、风险控制创新和人才培养创新，知难而进、锲而不舍，在飞船总体技术、航天员选拔训练、载人航天测控网等总体方案设计和关键技术突破上披荆斩棘，取得了一大批具有自主知识产权的科技成果，整体性能达到了世界先进水平，部分有所超越，实现了我国载人航天工程从跟跑到并跑、再到领跑的跨越发展。

空间实验室飞行任务启动以来，中国坚持自力更生、自主创新，突破了一大批核心和关键技术，锻炼和培养了一支能够站在世界航天科技前沿、勇于开拓创新的高素质人才队伍，特别是青年才俊。一道道难关被攻克，一个个难题被破解，一次次极限被挑战成功……广大航天科技工作者牢牢抓住战略机遇，坚持创新驱动发展，勇攀科技高峰，谱写中国航天事业新篇章，为服务国家发展大局和增进人类福祉做出更大贡献。

四、特别能奉献

中国航天员大队是一支精诚合作、勇于奉献的队伍。以钱学森、王永志、周建平等为代表的科技专家群体，为祖国和人民的载人航天事业殚精竭虑、呕心沥血；以杨利伟、费俊龙、聂海胜等为代表的航天员群体，为祖国和人民的载人航天事业奋力拼搏、挑战极限；很多同志面对国外的优厚条件、外单位的高薪聘请，不为所动，坚守岗位，义无反顾，无怨无悔。

在航天员队伍中，除了一些为我们所熟知的名字，还有许许多多默默无闻的“幕后英雄”在贡献着自己的力量。2016 年 10 月 16 日，景海鹏、陈冬即将执行神舟十一号载人飞行任务前在酒泉卫星发射中心问天阁接受中外记者采访。一位记者提问：“听说首批航天员有一部分已经停航停训，你也面对过一次落选、一次备份。你是怎么看待这个既充满竞争又充满浓浓战友情的团队的?”景海鹏回答：“我经历过五次选拔，包括一次落选、一次备份。作为一名航天员，每迎接一次飞行任务，就要按统一标准重新选拔，确实存在着竞争。一个团队只有竞争才能出战斗力，但航天员这个团队除了竞争，更有携手并肩、传承帮带，一旦乘组定下来，其他战友就会送上掌声，全力以赴支持入选乘组。可以给大家透露一下，此时此刻，我的其他战友正在飞控岗位严阵以待。在接下来的一个多月里，他们将与我们一同‘飞行’。我感到，航天员是勤奋的集体，是团结的集体，是自律的集体，是乐于奉献的集体，也是一个让人感动的团队，生活在这个团队很幸福。”每一位家喻户晓的英雄航天员背后，都有一个默默无闻、甘作“备份”的庞大群体。

位于西北大漠的酒泉卫星发射中心，是中国航天人魂牵梦绕的地方，这里是中国航天事业的起点，也是“两弹一星”精神和载人航天精神的发源地。很多航天员执行飞行任务前，都会走进这里的圣地——东风革命烈士陵园，瞻仰长眠在这里的航天英烈。在陵园的青松翠柏之中，长眠着中国航天事业的奠基人聂荣臻元帅、创业先驱孙继先等 13 位将军以及许许多多英勇捐躯的普通官兵。他们的平均年龄仅为 27 岁。他们用青春和热血把一枚枚火箭、一颗颗卫星、一艘艘飞船送上太空，他们用生命之光照亮了中华民族探索星空的漫漫征程。工程师潘仁瑾的事迹深深打动了航天员们。潘仁瑾是一位上海姑娘，曾经在高校任教，为了支持丈夫刘明山的事业，毅然放弃了优越的城市生活，一头扎进大漠戈壁，一干就是几十年。我国载人航天工程上马后，她牵头负责发射场计量工作，由于长期奔波劳累，积劳成疾，不幸倒在了神舟一号发射前夕。她留下的遗愿就是，活着没能看到飞船升空，死了也要埋在戈壁滩，守望祖国航天事业！于是茫茫戈壁滩上青松不老，红柳嫣然，英灵永在，万古流芳。

酒泉卫星发射中心神舟飞船发射现场

为了航天事业甘愿牺牲奉献一切的精神，早已融入了航天人的灵魂血脉，成为薪火相传、永志不忘的红色基因。广大航天工作者不计个人得失，不求名利地位，为载人航天事业奉献了青春年华，奉献了聪明才智，有的甚至献出了宝贵生命，书写了许许多多可歌可泣的感人事迹，涌现出许许多多可敬可佩的时代英雄。他们用自己的青春、智慧、热血和生命铺就了通往太空的成功之路。

2016 年 4 月 24 日，中国人迎来了属于自己的首个“航天日”。这一天，习近平总书记再次提起“航天梦”。他指出，经过几代航天人的接续奋斗，我国航天事业走出了一条自力更生、自主创新的发展道路，积淀了深厚博大的航天精神。设立“中国航天日”，就是要铭记历史、传承精神，激发全民尤其是青少年崇尚科学、探索未知、敢于创新的热情，为实现中华民族伟大复兴的中国梦凝聚强大力量。

航天人的实践告诉我们，辉煌的业绩与崇高的精神密不可分地联系在一起，平凡的岗位上可以孕育不平凡的英雄。广大航天人几年、几十年如一日，淡泊名利，默默奉献，舍小家顾大家，像螺丝钉一样把自己拧在平凡的工作岗位上，拧在祖国的航天事业中，为祖国谱写了一曲曲“追星牧舟”的凯歌。同时，航天工作者也在奉献祖国、奉献人民的过程中实现了自己的人生理想和生命价值，享受到了一次又一次成功的愉悦、胜利的欢欣，成为令全社会尊敬的英雄。

伟大的事业孕育伟大的精神。载人航天精神，是“两弹一星”精神在新时期的发扬光大，是我们伟大民族精神的生动体现。人类在浩瀚的宇宙面前是渺小的，但人类的探索精神是伟大且永无止境的。探索浩瀚宇宙，发展航天事业，建设航天强国，是中国人不懈追求的航天梦。点燃航天梦，助力中华民族伟大复兴中国梦的实现，中国载人航天将持续奏响时代最强音。

第十五章

抗震救灾精神

实践充分证明，一个善于从自然灾害中总结和汲取经验教训的民族，一个坚守和发扬“万众一心、众志成城，不畏艰险、百折不挠，以人为本、尊重科学”伟大精神的国家，一定会日益坚强和不可战胜。

一部悠久的中华民族发展史，也是一部与自然灾害不断抗争的奋斗史。在地震、水涝、干旱等自然灾害面前，中华儿女不畏艰险，以惊人的意志和毅力，一次次战胜灾害，浴火重生，给我们留下了宝贵的精神财富。新中国成立以来，我国遭受了一系列重大自然灾害：1966 年的邢台大地震，1976 年的唐山大地震，1998 年的特大洪水灾害，2008 年的汶川大地震……在中国共产党领导下，我国人民以自强不息的精神，战胜了这些自然灾害，积累了宝贵的抗震救灾经验，凝聚成具有中国特色的“抗震救灾精神”。它既是指抗击地震这样的自然灾害形成的伟大精神，也是对在抗击各种自然灾害中凝练成的抗洪精神、抗击“非典”等精神的总结和提炼。2008 年 6 月 30 日，胡锦涛在中共中央召开的抗震救灾先进基层党组织和优秀共产党员代表座谈会上指出：“在同四川汶川特大地震灾害的艰苦搏斗中，我们的民族和人民展示出了十分崇高的精神。这就是万众一心、众志成城，不畏艰险、百折不挠，以人为本、尊重科学的伟大抗震救灾精神!”这种精神是我国人民在抗震救灾中用生命、鲜血和汗水换来的宝贵财富，是民族精神在当代中国的集中体现和新的发展，应该倍加珍惜。2013 年 5 月，习近平就做好“4・20”芦山地震抗震救灾工作时指出，要大力弘扬伟大抗震救灾精神，用自己的双手创造幸福美好的生活。

一、万众一心、众志成城

2008 年 5 月 12 日发生的汶川特大地震，是新中国成立以来破坏性最强、波及范围最广、救灾难度最大的一次地震，震级达里氏 8 级，最大烈度达 11 度，涉及 10 个省区市 48 810 个村庄，受灾群众 4 625 万多人，造成 69 227 名同胞遇难、17 923 名同胞失踪，直接经济损失 8 451 亿多元，引发的崩塌、滑坡、泥石流、堰塞湖等次生灾害举世罕见。

“5·12”汶川大地震纪念碑

汶川特大地震发生后，党和国家领导人迅速行动起来，时任中共中央总书记胡锦涛做出重要指示，要求尽快抢救伤员，保证灾区人民生命安全；时任国务院总理温家宝乘专机从北京起飞奔赴灾区，直接指挥抗震救灾工作。解放军和武警官兵迅速行动起来，当天 16 时 49 分，成都军区、武警四川总队和驻川某师6 000余名官兵紧急赶赴汶川灾区；13日9时，总参谋部命令济南军区某机械化步兵师参加救灾的10 000名军人，由铁路输送改为空运。各部门各单位迅速行动起来，12日晚，民政部会同财政部向四川灾区紧急下拨2亿元中央自然灾害生活补助应急资金；15日10时，已有近5 000名医务人员在灾区实施医疗救援。社会各界迅速行动起来，截至15日下午3时，全国共接收社会各界捐赠款物13.44亿元。从白发苍苍的老人到系着红领巾的孩子，从工人、农民、知识分子到各级干部，在抗震救灾过程中，广大人民万众一心、众志成城。“灾难无情、人间有爱”“一方有难、八方支援”，成为地震灾害发生后响彻中华大地的最强音，也是抗震救灾精神的最生动展示。

“5·12”汶川特大地震，不仅受灾人口多、范围广，而且受灾程度深。只是依靠社会组织和爱心人士的捐助，对灾后恢复重建来说是远远不够的。在全面实施救援的同时，党中央、国务院果断做出“建立对口支援机制，举全国之力，加快恢复重建”的重大决策，颁布《汶川地震灾后恢复重建对口支援方案》，向全党全国发出了汶川特大地震灾后恢复重建的总动员，根据受灾县（市）的具体情况，统一安排兄弟省市进行对口援建。

汶川地震对口支援一览表

山东省——四川省北川县

广东省——四川省汶川县

浙江省——四川省青川县

江苏省——四川省绵竹市

北京市——四川省什邡市

上海市——四川省都江堰市

河北省——四川省平武县

辽宁省——四川省安县

河南省——四川省江油市

福建省——四川省彭州市

山西省——四川省茂县

湖南省——四川省理县

吉林省——四川省黑水县

安徽省——四川省松潘县

江西省——四川省小金县

湖北省——四川省汉源县

重庆市——四川省崇州市

黑龙江省——四川省剑阁县

广东省（主要由深圳市）——甘肃省受灾严重地区

天津市——陕西省受灾严重地区

一年后，灾后恢复重建取得重要阶段性成果；两年后，“三年任务两年基本完成”的目标如期实现。在全国人民的大力支援下，经过大规模的重新建设，一个崭新的汶川展现在世人面前。2011 年 5 月，美国红十字会地区代表拉姆齐·拉茨来到汶川，参观和考察当地的灾后重建工作，掩饰不住对汶川灾后重建工作的赞叹：“中国政府是令人尊敬的。这样高效的灾后重建工作实在少见！在我们看到的其他灾难中，有的国家和地区需要 5～10 年才能恢复。而在四川，仅仅过了 3 年就取得了这样惊人的成就。”

在纪念汶川地震十周年之际，回顾这段不平凡的抗震救灾历程，特别是在极短时间内，举全国之力快速集结庞大的人力、物力、财力等各种资源，形成全国救灾“一盘棋”，成为人类救灾史上值得浓墨重彩的一笔。这是中国特色社会主义制度的胜利，也只有社会主义中国才能完成这样的壮举。事实证明，中国走社会主义道路是正确的，在中国共产党领导下，发挥这种“抗震救灾精神”，我们可以战胜社会主义现代化建设道路上的一切困难。

二、不畏艰险、百折不挠

不论是抗击地震这样的自然灾害，还是抗击洪水和干旱等自然灾害，我们的民族和人民都展现出高昂的精神状态，体现着不畏艰险、百折不挠的伟大精神，成为“抗震救灾精神”的重要内容。其中，感动中国的“汶川空降15勇士”就是典型代表。

汶川地震发生后，位于震中的汶川、茂县等地区通信和交通中断，与外界失去了联系。此时，从党中央、国务院到普通老百姓，都迫切想知道灾区的具体情况。如何尽快进入灾区、了解灾情，人们把希望寄托在了空军空降兵的身上。2008年5月14日11时24分，汶川地震震中地带四川茂县上空4 999米高度，空降兵某部15名勇士先后从一架大型运输机上惊险空降。这次空降举世震惊！一方面，茂县为高山峡谷地形，境内山峰多在海拔4 000米左右，伞降难度很大；另一方面，各国空降兵跳伞训练通常在数百米高度进行，要在5 000米左右高度实施伞降，在世界军事航空史上少有。这15位勇士在无气象资料、无地面指挥、无地面标识的“三无”条件下，成功空降到四川省茂县地域。安全着陆后，他们迅速集结，兵分四路向不同地域进发。他们身背小型卫星站、超短波电台、夜视仪等先进的通信和侦察装备，立即展开震情侦察。15名勇士历经7天6夜，冒着多次余震，翻山越岭，徒步220公里，先后在7个乡、55个村庄侦察灾情，向上级报告重要灾情30多批次，为指挥部指挥部队开进和部署抗震救灾提供了科学的信息依据。

汶川特大地震救灾现场

在 1998 年的特大洪水灾害中，也涌现出一批抗洪英雄，李向群就是其中具有鲜明时代特征的先进典型。李向群（1978 年 6 月—1998 年 8 月 22 日）是海南琼山人，1996 年 12 月入伍，广州军区某集团军“塔山守备英雄团”九连一班战士。1998 年 8 月 13 日，李向群随部队火速赶到沙市大坪口幸福闸排险。这时候，长江第 5 次洪峰逼近沙市，幸福闸发生较大面积散浸，需要迅速查清漏洞，排除险情。幸福闸这个地方，江面弯多水急，漩涡不断，恶浪一个接着一个扑向堤岸。连长正在考虑下水排险的人选，李向群拨开人群走到闸前，对连长说：“我下去试试!”说完一个猛子扎下去。1 分钟过后，李向群才从下游十几米的水面冒出来。指导员忙问：“怎么样?”李向群说：“水流太急，控制不住身子。”连长脱掉衣服要亲自下去。李向群一下子把背包绳抢过来，说：“连长，我下去过一次，心里有底，还是我下吧!”说完，李向群抱着沙袋沉入了水中。在下沉当中，李向群的右脚踝关节不小心碰到闸门，被划开一个 4 厘米长的口子，鲜血直流，可他全然不顾，手脚并用，来回探寻，终于找到了闸门渗水口的准确位置。在全连官兵的共同努力下，终于封住了渗水洞，排除了险情。在抗洪抢险中，李向群先后 4 次晕倒在大堤上，终因劳累过度，于 1998 年 8 月 22 日壮烈牺牲，年仅 20 岁。中央军委授予李向群“新时期英雄战士”荣誉称号。

人民群众是抗击自然灾害的主力军。在受到洪水威胁和袭击的各个地区，人民群众在惊涛骇浪面前没有惊慌失措，在失去家园和亲人的时刻没有悲观消沉，他们忍着悲痛更加斗志昂扬地迎战洪水。儿子牺牲了，父亲冲上来；丈夫殉职了，妻子顶上去。全国人民心系灾区，情系灾区，发扬中华民族团结友爱、互助互济的优良传统，无私地大力支持第一线军民。中国大地上涌动起全民族同心同德、团结战斗的澎湃热潮，展现出全民族万众一心战胜洪涝灾害的壮丽画卷。

三、以人为本、尊重科学

在抗击地震、洪水等自然灾害中，我们既应该发扬大无畏的革命牺牲精神，还应该发扬以人为本、尊重科学的根本原则，坚持人的生命高于一切，全力以赴抓紧时间救人；坚持实事求是，科学决策，科学部署，科学施救。

每当重大地震、洪水等自然灾害发生之时，我们党和政府都坚持把抢救人民群众生命作为首要任务。1966 年邢台大地震发生后，党中央立即派当地驻军赶赴地震现场开展救援工作，周恩来总理亲自三赴震区。总理刚到灾区就询问多少人口受灾，多少人员伤亡，倒塌多少房屋，现正采取什么措施，指导当地政府尽最大的力量抢救人民群众的生命财产。

在唐山大地震中，北京军区三十八军一一四师三四一团四连在唐山商业医院扒挖伤员。医院向他们反映：内科一楼的三个病房里可能有人活着。得知这个消息后，四连指战员立即组织力量抢救。在基建工程兵六十一大队两台吊车的配合下，他们决定对该楼西侧展开重点突击，平行打一条通道。他们担心用吊车吊水泥板会使之断裂，挤伤幸存者，就组织人员用肩扛。一吨多重的水泥板，12 名战士鼓足力气，扛走了 3 块。他们用手往下扒墙皮白灰，抠灌结砂浆，掏水泥裂缝。很快掏开了一个小洞。从小洞往里看，看见一位妇女被挤压在床下，曲着腿，里面只有一米多长的空间，人基本上不能活动。班长李伟等人钻进洞内，不顾手指疼痛，越扒越快。洞口稍大一点时，副指导员张光喜钻进洞内，把一条床单垫在妇女的身下。经过 50 多分钟的紧张战斗，四连同志安全地把这位妇女拖出了洞口。至此，这位妇女在废墟中被埋压了 303 小时 38 分钟。据介绍，她的名字叫卢桂兰，46 岁，家住唐山市南兴街 25 号。她在断水断食的情况下坚持了 13 天，这从纯生理上是难以想象和解释的，创造了一个生命的奇迹。这也彰显了抗震救灾中坚持人的生命高于一切的价值理念。

2008 年汶川地震发生后，中共中央明确提出："人的生命高于一切，救人是重中之重，要全力以赴抓紧时间救人，只要有一线希望，就要尽百倍努力。"2013 年 4 月 20 日，四川省雅安市芦山县发生 7.0 级强烈地震，中共中央总书记、国家主席、中央军委主席习近平得知消息后，心情沉重，当即做出重要指示，要求中央办公厅全面了解灾情，强调要把抢救生命作为首要任务，千方百计救援受灾群众，科学施救，最大限度减少伤亡，同时要加强地震监测，切实防范次生灾害；要妥善做好受灾群众安置工作，维护灾区社会稳定。

面对重大自然灾害，党和政府坚持依靠科学、运用科学，充分发挥科技人员的作用和科学技术的力量，使科学技术成为战胜自然灾害的有力支撑。1998年7月，湖北武汉汛情告急，荆江已超过国务院规定的分洪水位，各种社会舆论急切要求炸毁荆江大堤，分洪以保武汉三镇。当时难以抉择，如果炸堤分洪，公安县将化为泽国，40万人无家可归，并造成150亿元的损失。而万一决口，武汉三镇将遭淹没，损失更非千亿元所计算。作为前线总指挥，温家宝广泛听取科技人员的意见，最终决定固守大堤，同样体现了以人为本、尊重科学的精神。2003年5月4日，温家宝回忆当时的情景说："1998年的大洪峰一共有八次，最重的是第六次。第六次洪峰到来的时候，已经过了分洪的警戒线。……我一下飞机，省里的领导说得很多，各种意见都有，我咬紧牙关一句不说。半夜一进宾馆，我第一个是找科学家，我把几位有名的水利专家都请来，我说你们给我预报几个重要的信息，比如水情、气象、来水的情况，特别是雨情。我们对这些数据进行科学分析后，判断当时要过的洪峰是一个量大但是时间比较短的尖峰。当时我为什么下令'严防死守'，认为这样可以渡过这个难关呢？这是基于科学判断，我们把各方面参数都计算好了。"

实践充分证明，一个善于从自然灾害中总结和汲取经验教训的民族，一个坚守和发扬"万众一心、众志成城，不畏艰险、百折不挠，以人为本、尊重科学"伟大精神的国家，一定会日益坚强和不可战胜。我国是世界上自然灾害最为严重的国家之一，灾害种类多、分布地域广、发生频率高、造成损失重。我们要深刻认识这一基本国情，充分发扬这种用生命、鲜血和汗水等巨大代价换来的"抗震救灾精神"，依靠中国共产党的坚强领导，依靠亿万人民群众的强大支持，依靠科学的无穷力量，在自然灾害面前不胆怯，在重大考验面前不退缩，在困难挑战面前不止步，不断推进中国特色社会主义伟大事业。

后　记

革命精神是我们党在近百年奋斗历史中形成的宝贵精神财富，是我们党在新的历史起点上继续推进伟大事业的重要精神动力。习近平总书记高度重视革命精神传承弘扬，多次强调要保持革命精神、革命斗志，勇于把我们党领导的伟大社会革命继续推进下去。为满足广大青少年学生学习革命精神的需要，培养担当民族复兴大任的时代新人，高等学校中国共产党革命精神与文化资源研究中心组织编写了《永不褪色的精神丰碑》一书。

本书力求准确把握中国共产党革命精神的科学内涵；坚持论从史出，结合青少年学生的认知特点，以生动典型的事例、通俗易懂的语言，把精神讲明白，把内涵讲清楚，把道理讲透彻；深入阐发革命精神的时代价值，推动青少年学生努力成长为合格的社会主义建设者和接班人。

本书编写过程中，王炳林提出总体工作思路并审定全部书稿，赵军参与具体指导。王雪凌、王婧、叶红云、申文昊、朱喜坤、李光伟、李彦姝、杨瑞、房正、郝清杰、段诗云等同志参加了编写工作。

由于水平有限，书中难免存在疏漏与不足，敬请读者批评指正。

2018 年 5 月

图书在版编目（CIP）数据

永不褪色的精神丰碑/高等学校中国共产党革命精神与文化资源研究中心组编．—北京：中国人民大学出版社，2019.5
ISBN 978-7-300-26243-7

Ⅰ.①永… Ⅱ.①高… Ⅲ.①中国共产党-思想建设-研究 Ⅳ.①D261

中国版本图书馆 CIP 数据核字（2018）第 211046 号

永不褪色的精神丰碑
高等学校中国共产党革命精神与文化资源研究中心　组编
Yongbu Tuise de Jingshen Fengbei

出版发行	中国人民大学出版社		
社　　址	北京中关村大街 31 号	**邮政编码**	100080
电　　话	010－62511242（总编室）		010－62511770（质管部）
	010－82501766（邮购部）		010－62514148（门市部）
	010－62515195（发行公司）		010－62515275（盗版举报）
网　　址	http://www.crup.com.cn		
经　　销	新华书店		
印　　刷	北京宏伟双华印刷有限公司		
规　　格	185 mm×250 mm　16 开本	**版　　次**	2019 年 5 月第 1 版
印　　张	13.5 插页 1	**印　　次**	2021 年 6 月第 2 次印刷
字　　数	150 000	**定　　价**	38.00 元